Edmond Goblot

La barrière
et le niveau

essai

Le code de la propriété intellectuelle du 1er juillet 1992 interdit en effet expressément la photocopie à usage collectif sans autorisation des ayants droit. Or, cette pratique s'est généralisée dans les établissements d'enseignement supérieur, provoquant une baisse brutale des achats de livres et de revues, au point que la possibilité même pour les auteurs de créer des oeuvres nouvelles et de les faire éditer correctement est aujourd'hui menacée. En application de la loi du 11 mars 1957, il est interdit de reproduire intégralement ou partiellement le présent ouvrage, sur quelque support que ce soit, sans autorisation de l'Editeur ou du Centre Français d'Exploitation du Droit de Copie , 20, rue Grands Augustins, 75006 Paris.

ISBN : 978-1536968200

10 9 8 7 6 5 4 3 2 1

Edmond Goblot

La barrière et le niveau

essai

Table de Matières

I. L'idée de classe sociale — 6

II. Classe et richesse — 14

III. Classes et professions — 25

IV. La mode — 37

V. L'éducation morale — 53

VI. L'éducation intellectuelle de la bourgeoisie — 66

VII. L'éducation esthétique — 75

Conclusion — 88

I. L'idée de classe sociale

Nous ne serons jamais assez reconnaissants à la Révolution de nous avoir donné l'égalité civile et l'égalité politique. Elle ne nous a pas donné l'égalité sociale. Les hommes de ce temps n'ont pas prévu, ne pouvaient guère prévoir cette espèce de pseudo-aristocratie qui se fonda presque aussitôt sur les ruines de l'ancienne et acheva de l'abolir en la supplantant : la bourgeoisie moderne.

Ce n'est pas que le rêve de l'égalité sociale fût étranger à l'esprit révolutionnaire. Mais, chez nos grands aïeux, ce rêve est. demeuré sentimental et ne se réalisa guère que par de nouvelles formules de politesse et le mot de fraternité. S'il s'était précisé, c'eût été sans doute dans le sens économique. On eût cherché l'égalité sociale dans le nivellement des seules richesses matérielles, comme l'ont fait plus tard les théoriciens du socialisme.

Nous n'avons plus de *castes,* nous avons encore des *classes.* Une caste est fermée : on y naît, on y meurt; sauf de rares exceptions, on n'y entre point; on n'en sort pas davantage. Une classe est ouverte, a des « parvenus » et des « déclassés » : L'une et l'autre jouissent de certains *avantages,* répondant, au moins dans le principe, à des charges et à des obligations, L'une et l'autre cherchent à se soustraire à leurs obligations en conservant leurs avantages. C'est par là qu'elles se ruinent : leurs avantages deviennent difficiles à défendre quand ils ne sont plus la rémunération d'aucun service. C'est alors qu'une révolution les balaie, ou qu'elles se dissolvent dans un ordre social nouveau.

Une caste est une institution, une classe n'a pas d'existence officielle et légale. Au lieu de reposer sur des lois et des constitutions, elle est tout entière dans l'opinion et dans les mœurs. Elle n'en est pas moins une réalité sociale, moins fixe, il est vrai, et moins définie, mais tout aussi positive qu'une caste. On reconnaît un bourgeois d'un homme du peuple rien qu'à les voir passer dans la rue. On ne confond point un « Monsieur » avec un « homme », encore moins une « Dame » avec une « femme ». Un logicien dirait que la dénomination *générique* suffit pour le vulgaire, tandis que le bourgeois et la bourgeoise veulent être désignés par leur *différence.* C'est, ajouterait un moraliste, que la différence est péjorative pour

Edmond Goblot

le premier, laudative pour l'autre.

Aux avantages qui constituent une classe ou une caste s'ajoutent, toujours quelques signes sensibles qui *distinguent* ceux qui jouissent de ces avantages de ceux qui en sont privés. Les avantages d'une caste sont des *privilèges*. Ceux de la noblesse de l'Ancien Régime étaient d'abord des biens matériels et des droits réels, des exemptions de charges personnelles, fiscales et autres; puis des droits honorifiques, titre, préséances, droit exclusif de porter certaines armes et certains costumes, cérémonial défini et prescrit; c'était enfin le *prestige,* qui est tout entier dans des représentations collectives et des jugements de valeur: Leurs obligations étaient d'administrer presque toute la production agricole, car ils avaient été primitivement les propriétaires du sol et possédaient encore les plus vastes et les plus riches domaines [1]. A leurs fonctions de chefs d'exploitation rurale, ils joignaient des fonctions militaires, policières et juridiques. Lorsqu'au XVIIe siècle la plus haute noblesse quitta la campagne pour la ville, elle crut augmenter son prestige en formant l'inutile et brillant entourage des princes et du roi. Elle se trompait,. Elle se vit obligée d'abandonner elle-même, dans la nuit du 4 août, des privilèges dont elle ne pouvait plus contester l'injustice.

L'avantage du bourgeois est tout entier dans l'opinion et se réduit à des jugements de valeur : ce n'est pas à dire qu'il soit mince: C'est une grande supériorité que d'être jugé supérieur. Cet avantage, c'est la « considération ». Être « considéré », c'est beaucoup mieux que d'être considérable : Le sens moderne de ce mot date de l'avènement de la bourgeoisie. Il est volontairement vague : c'est un hommage que la personne peut toujours prendre pour elle et qui pourtant n'est rendu qu'à la classe ; c'est la reconnaissance d'une supériorité qui n'individualise pas, qui assimile, au contraire, et qui range. Dans les formules de politesse ; il évite les expressions trop humbles de *serviteur, d'obéissance* et de re*spect,* et signifie : Je ne vous confonds pas avec le vulgaire ; je vous distingue ; je vous place sur le même rang que moi-même [2].

---

1 Sauf les domaines ecclésiastiques.

2 Cette formule; aujourd'hui surannée : « Je suis avec respect, monsieur, votre très humble et très obéissant serviteur », s'employait très bien alors qu'on n'était ni respectueux, ni humble, ni obéissant, ni serviteur :

I. L'idée de classe sociale

La considération doit, au moins eu apparence, être la rémunération d'un service. Les « classes dirigeantes » - autre expression dont l'origine date de la même époque, ne sont investies d'aucun pouvoir légal ; en principe, aucun emploi ne leur est réservé. Mais elles sont censées capables, en vertu d'une éducation plus longue et plus soignée, d'exercer un ascendant moral, d'être ce que Le Play appellera les « autorités sociales », de maintenir un certain niveau de civilisation dans la vie intellectuelle, économique, politique et sociale du pays.

La, noblesse, étant d'un autre rang que le peuple, semblait être d'une autre essence : il fallait réfléchir pour découvrir qu'un noble est un homme comme tous les autres; on ne s'en avisa guère qu'au XVIIIe siècle, et ce fut un scandale, un libertinage, que d'oser le dire. La bourgeoisie n'a pas de prestige : on sait qu'elle sort des rangs du peuple. La « considération » qui lui tient lieu de prestige, est un avantage toujours disputé et qu'il faut constamment maintenir et renouveler. En vain la bourgeoisie s'évertue à conserver la considération sans avoir la supériorité qui la justifierait. Tout indique que nous assistons maintenant à son déclin : on ne peut maintenir et renouveler longtemps une illusion. Aucune « révolution sociale » ne sera nécessaire pour la vaincre; elle ne périra pas par ce que le socialisme appelle la « lutte des classes ». Un « grand soir » lui rendrait plutôt un renouveau de vie. Elle s'éteindra de mort naturelle, par une évolution dont elle porte en elle-même le principe:

La démarcation d'une classe est aussi nette que celle d'une caste ; seulement elle est franchissable. *Elle ne s'efface point du fait qu'on la franchit.* On pourrait croire que les parvenus sont à la bourgeoisie ce qu'étaient les anoblis à l'ancienne noblesse. Nullement. Un anobli n'était pas l'égal du noble ; son fils, son petit-fils même ne pouvaient prétendre au rang des descendants des croisés : on comptait les

---

Je suis votre valet, monsieur, de tout mon cœur.
-- Et moi, je suis, monsieur, votre humble serviteur.
Elle n'était pas du tout limitée au cas d'un inférieur s'adressant à un supérieur. Elle est d'une société où le rang est si bien établi qu'on ne risque pas de le perdre. An contraire, dans la vie bourgeoise, les formules de politesse sont subtilement mesurées aux rangs sociaux. On se donne de la « considération distinguée » de bourgeois à bourgeois; autrement la « considération » est remplacée par la simple « salutation » plus ou moins empressée.

Edmond Goblot

quartiers. Rien, au contraire; n'est plus fréquent que le, passage de la classe populaire à la classe bourgeoise. Sur dix bourgeois pris au hasard, cinq au moins sont fils ou petit-fils d'ouvriers, de paysans, de boutiquiers, de concierges, d'employés subalternes. Qui a su prendre les mœurs de la bourgeoisie est bourgeois. Il n'a pas à faire oublier son humble origine; personne ne la lui reproche; il l'avoue sans embarras ; il s'en fait gloire. Ce ne sont pas ceux-là qu'on appelle parvenus » ; ce sont ceux qui, entrés dans la classe bourgeoise par leur fortune ou par leur profession, n'y semblent pas à leur place. Ils en ont pris ce qu'ils ont su discerner des caractères superficiels; ce qui est profond ou subtil leur échappe : leur premier état transparaît. Une fortune rapidement acquise inspire-t-elle à un homme le désir de vivre bourgeoisement, son éducation s'y oppose; des manières « communes », des « vulgarités » le trahissent ; il fait des impairs, des gaffes, des pataquès. Ou bien, s'il s'est adapté, sa femme ne l'a pas suivi. Car la principale difficulté de devenir bourgeois est qu'on ne le devient pas tout seul. Chacun appartient à une famille avant d'appartenir à une classe. C'est par sa famille que le bourgeois né est bourgeois ; c'est avec sa famille qu'il s'agit de le devenir: Il faut élever avec soi sa femme, ses père et mère, ses frères et sueurs, secouer son entourage, rompre avec certains amis ou les tenir à distance. Passer d'une classe dans une autre, c'est se dégager de l'ancienne, sans quoi on n'est pas accepté dans la nouvelle ; qui n'admet pas une société « mêlée ». Pour cela une ou deux générations sont souvent nécessaires. Mais celui qui est, réellement devenu bourgeois n'est pas un parvenu.

Par contre, le « déclassé » n'est plus bourgeois tandis que le noble qui dérogeait ou se mésalliait ne cessait pas d'être noble.

On voit que le nom de *bourgeois* n'est pas pris ici dans l'acception spéciale que lui donne la langue socialiste [1]. Né dans les `cités industrielles, le socialisme raisonne et parle comme si le monde n'était composé que d'usines. Il divise la société en capitalistes et prolétaires, employeurs et salariés, profiteurs et travailleurs. Le bourgeois, c'est le patron, l'ingénieur, le banquier, le rentier, le riche. À ce compte que suis-je donc, moi qui écris ces lignes?

1 La confusion entre les divers sens du mot bourgeois est la source de graves méprises. Voyez notamment: Paul Louis, *Le déclin de la société bourgeoise*, éditions du Monde Nouveau, 1923, p. 2:,

I. L'idée de classe sociale

Patron ? Capitaliste ? Non certes. Rentier ? Oh ! si peu! Profiteur ? Pas que je sache. Je suis sûrement salarié, car je vis de mon travail. L'Université m'apparaît comme une vaste industrie d'État qui façonne une matière humaine ; je ne suis pas patron, niais ouvrier dans cette usine. Je fabrique avec des étudiants comme matière première, des licenciés et des agrégés de philosophie : Je n'appartiens pourtant pas à la catégorie des « travailleurs », car je n'ai pas huit heures de sommeil et huit. heures de loisir garanties par le traité de Versailles. Il n'y a pas place pour moi dans la nomenclature socialiste. Mais dans la société française, que je le veuille ou non, je suis un bourgeois, et n'ai pas lieu d'en être fier.

Comme nous .étudions ici, non la théorie socialiste, mais la réalité sociale, la langue artificielle du socialisme ne saurait nous servir. Parlons tout simplement la langue vulgaire. Née des mœurs, se, modifiant avec elles, nous verrons qu'elle les exprime admirablement. Elle nous aidera plus d'une fois à les analyser.

La bourgeoisie moderne que nous voulons étudier diffère très profondément de celle que le développement du commerce et de l'industrie fit naître dans les villes au Moyen âge. Celle-ci était une véritable caste, et pas du tout une classe. Pour y être admis, il fallait satisfaire à certaines conditions dé résidence, de fortune immobilière et de capacité, conditions consignées dans la charte de commune et la bourgeoisie restait limitée à un certain nombre de familles ; en fait, elle était héréditaire. Au conseil de ville les bourgeois étaient seuls éligibles et seuls électeurs. Les autres habitants s'appelaient le commun ou les *manants* [1]. Il y a, au Moyen âge, deux aristocraties, les nobles et les marchands ; l'une d'origine agricole et rurale, l'autre d'origine industrielle et citadine; la première est militaire et sert l'État par son courage, la seconde le sert en l'enrichissant. Celle-ci n'a pas plus d'esprit démocratique que celle-là; ses avantages sont également des privilèges ; elle ne les défend pas avec moins d'âpreté ; elle n'est pas moins dure pour le pauvre peuple. Venise, malgré tant de merveilles artistiques et de souvenirs rayonnants, fait au visiteur une impression pénible. Le luxe y sue l'orgueil, la dureté, la méchanceté.

Le temps de Louis-Philippe et de M. Joseph Prudhomme est

---

1 De *manere*; demeurer : ceux qui demeurent dans les villes sans avoir le droit de bourgeoisie.

Edmond Goblot

généralement considéré comme l'âge d'or de la bourgeoisie moderne. Mais il faut remarquer qu'il y a, sous la monarchie de juillet, deux bourgeoisies fort différentes, la première contenue dans la seconde, qui la dépasse largement et lui survivra. À un certain degré de richesse, dont la feuille de contributions faisait foi, correspondait une fonction qui était en même temps un privilège. Et. quel privilège ! Celui qui implique tous *les* autres : la souveraineté : Le corps d'électeurs éligibles qui posséda la France en toute propriété pendant dix-huit ans et fut plus puissant que ne le fut jamais aucune noblesse, ne fut pas à la rigueur une caste fermée : il suffisait de s'enrichir pour y entrer, de perdre sa fortune pour en sortir. Il n'avait qu'un. pas à faire pour devenir caste. Il ne le fit pas. La tradition révolutionnaire était encore *assez* vivace pour l'en empêcher ; d'ailleurs dix-huit ans n'auraient pas suffi pour une pareille évolution. La bourgeoisie du « roi bourgeois » avait entre les mains un instrument de domination redoutable et, comme la royauté s'appuyait sur elle et elle sur la royauté, elle pouvait se montrer plus despotique que ne furent les anciennes aristocraties rurales et communales. Mais les circonstances lui imposèrent l'obligation d'être, au moins en partie, « libérale » et « voltairienne ». Seule héritière des conquêtes de la Révolution, qu'elle avait confisquées, elle en retenait quelques principes, pour elle vitaux, par exemple l'égalité devant la loi, qui annulait la noblesse; elle se défendait contre la Congrégation, attachée au régime précédent. Se croyant plus menacée par l'ancienne aristocratie, dont elle voyait subsister le prestige, que par la démocratie, qu'elle croyait réaliser moins ses excès, elle périt victime de cette erreur, reconnue trop tard. Les deux hommes représentatifs de cette époque, Thiers et Guizot, ne sont certes pas démocrates ; ils sont pourtant, à beaucoup d'égards, des fils spirituels du XVIIIe° siècle et de la Révolution.

Mais cette aristocratie de finance, qui détenait seule tout le pouvoir, n'est pas la vraie bourgeoisie du temps de Louis-Philippe. Le vrai bourgeois n'est pas M. Poirier devenu riche, acquéreur du château de Presles et beau-père d'un marquis ; c'est M. Poirier s'enrichissant en vendant du drap au faubourg St Denis. élevant obscurément sa fille Antoinette, d'après les sages conseils de son ami Verdelet. La limite que trace la feuille de contributions entre

I. L'idée de classe sociale

le bourgeois citoyen et la multitude dépourvue de droits civiques, est placée très haut, beaucoup plus haut que la limite, qu'ignorent la Constitution et les lois, entre la classe bourgeoise et la classe populaire. On est un Monsieur sans être électeur; on est une Dame sans être femme d'électeur. La segmentation sociale, qui n'est pas dans la Constitution, mais dans les mœurs, ne coïncide pas avec la segmentation politique. Le, monde nouveau, issu de la révolution manquée, s'organise en se divisant en deux classes très nettes : une bourgeoisie très nombreuse, - haute, moyenne et petite, - prend le rôle de « classe dirigeante » qu'avait eu sous l'Ancien Régime une aristocratie titrée et clairsemée. Un fossé la sépare du peuple, plus profond que celui derrière lequel se retranche l'aristocratie vaincue.

C'est à cette époque qu'on voit se former l'esprit bourgeois, se formuler le code de la vie bourgeoise. On peut en suivre l'évolution (elle est étonnamment rapide) en parcourant les collections des journaux de modes et des *magazines* destinés à l'éducation des familles. On y troue, discutées avec un sérieux comique, les graves questions du « bon ton » et des « bonnes manières », ces mille riens qui font l'homme et la femme « bien élevés », ces minutieuses règles du « savoir vivre» à la délicate observation desquelles on reconnaît un « homme comme il faut » , une « femme comme il faut ». Et ces règles décident de tout : du vêtement, du logement, du mobilier, des gestes, du langage, même des opinions et des croyances. L'ordre social a d'étroites relations avec les professions et métiers comme avec les partis politiques ; mais ce n'est jamais la profession ou le parti. qui détermine la classe, c'est souvent, au contraire, la classe qui décide des professions et des partis. Avant tout, l'éducation crée et maintient la distinction des classes ; mais le mot *éducation* prend ici un sens nouveau et étroit : il s'agit de l'éducation qui classe, non de celle qui développe le mérite personnel. Les formes extérieures y tiennent une grande place. Sans doute, le savoir, le talent, les vertus, le goût n'y sont point tout à fait négligés, mais il faut que ces qualités profondes se manifestent par des signes extérieurs aisément reconnaissables, et il suffit que leur absence se dissimule. La bourgeoisie a la prétention d'être une *élite* et d'être reconnue pour telle ; l'éducation s'applique à lui en donner les apparences.

Une classe, pas plus qu'une caste, ne se relie aux classes

Edmond Goblot

inférieures par une gradation continue. Il n'y aurait pas de classes *si l'inégalité* n'était pas, en quelque manière, *hétérogénéité*, si elle ne comportait que du plus ou du moins. Les caractères qui séparent doivent être qualitatifs: En outre, ils sont communs à tous ceux qu'ils distinguent. Toute démarcation sociale est à la fois *barrière* et *niveau*. Il faut que la frontière soit un escarpement, mais qu'au-dessus de l'escarpement il y ait un plateau. Au dedans d'elle-même, toute classe est égalitaire ; elle n'admet ni pentes ni sommets : l'égalité dans la classe est condition de la supériorité de classe.

Cet esprit égalitaire, - qui ne relève, bien entendu, d'aucun principe de justice universelle - se retrouve partout où il y a des rangs sociaux (y eût il jamais une société qui n'en eût point ?) En Grèce, les nobles se nommaient les égaux [1]. Des mesures étaient prises pour qu'au service militaire, par exemple, les compagnons d'armes fussent de même condition. Presque toutes les aristocraties ont eu leurs pairs. Tout nivellement distingue, toute distinction nivelle. Un principe d'égalité ne peut être appliqué sans dessiner des limites ; et comme il est toujours en quelque manière un principe moral, il exhausse le groupe qu'il délimite. Réciproquement, tout groupe qui s'attribue une supériorité atténue ou masque, dans son sein, les inégalités individuelles afin de faire ressortir la seule supériorité collective; et l'on voit les individus s'effacer d'eux-mêmes et rentrer dans le rang. Parmi les personnes qui se trouvent réunies dans le même salon, un jour de réception, il peut y avoir d'énormes inégalités de valeur pour qui va au fond des choses ; mais les usages ne permettent pas qu'on aille au fond des choses ; ils exigent, au contraire, que toutes ces personnes se traitent entre elles à peu près de même; et ne connaissent guère d'autre préséance que celle de l'âge. De ces inégalités, la plus grande est celle des valeurs morales. Les gens de cœur y coudoient l'égoïsme et la méchanceté ; la plus scrupuleuse probité se rencontre avec les forbans, la générosité avec la bassesse, le courage avec la lâcheté, la sincérité avec l'hypocrisie. Une société tient pourtant à sa réputation collective : elle évite les fréquentations suspectes ; on ne reçoit pas n'importe qui, on ne va pas chez n'importe qui. Mais ce qui compte, c'est seulement la menue monnaie de la vertu : la bonté superficielle et peu coûteuse, attentive à rendre de légers services, le soin de n'exprimer que des

---

1 . Ἴσοι, ἴσοι καὶ ὅμοιοι, οἱ ἐξ ἴσου. Voy. le dictionnaire d'Henri Estienne.

I. L'idée de classe sociale

idées et des sentiments de bonne apparence, et ce vernis moral qui distingue, mais qui, dans les relations du monde et de la vie courante, égalise aussi les consciences les plus distantes les unes des autres. Il est des vices qui ne déclassent point, qui sont même très bien portés, et des vertus qui sont difficilement tolérées parce qu'elles sont rares : il faut être distingué ; il ne faut pas se singulariser. Le même esprit égalitaire s'oppose à ce que l'inégalité de richesse ne devienne différence de classe. Tant que les bourgeois pauvres, qui côtoient le précipice, réussissent à. n'y pas tomber, ils sont les égaux des riches ; et quand on est riche, c'est un ridicule que le monde ne tolère pas que d'en tirer vanité. C'est un autre ridicule, quand on ne l'est pas, que d'en paraître humilié. La toilette féminine la plus simple peut figurer à côté du luxe des fourrures, des dentelles et des diamants ; et la toilette masculine est la même pour tous. Tout le monde n'entre pas dans les salons bourgeois, mais tous ceux qui y sont admis sont égaux. La bourgeoisie accuse, exagère, souligne ; invente au besoin les inégalités qui la font être en la distinguant: Elle nie, sous-estime ou feint d'ignorer celles qui tendraient à la disloquer en établissant des gradations et des sous-classes. Le nivellement est le complément inséparable de la distinction.

La barrière et le niveau entraînent de curieuses inconséquences dans l'estimation des choses : les jugements de classe relèvent d'une logique, du plutôt d'une mystique, où la contradiction est souvent une nécessité et, par suite, urne règle.

II. Classe et richesse

Il n'y a pas de démarcation entre le riche et le pauvre : on est plus ou moins riche. Il n'y a pas transition insensible entre les classes : on est bourgeois ou on ne l'est pas. La richesse ne peut donc pas, par elle-même, différencier des classes. Comme les habitants des « marches » accusent davantage, de part et d'autre de la frontière, et le sentiment national et les traits de nationalité qui les distinguent, ainsi les plus voisins de la frontière des classes sont ceux qui la maintiennent le mieux. Les uns s'appliquent à marquer qu'ils sont au-dessus de la limite ; les autres, par l'effort qu'ils font pour la franchir, signalent involontairement qu'ils sont au-dessous. Et, comme cette limite tombe au. beau milieu de ce qu'on appelle très improprement « la classe moyenne [1] », c'est là que les distinctions sont les plus nuancées et que la lutte est la plus âpre.

Comprendre ce qu'est la bourgeoisie, c'est découvrir pourquoi cette frontière, malgré la gradation insensible et continue que présente l'inégalité des richesses, est pourtant une démarcation précise et comme une cassure. Quand on multiplierait les sous-classes : haute, moyenne et petite bourgeoisie, de manière à rapprocher celle-ci de l'ouvrier aisé et du paysan propriétaire, quand on subdiviserait de même la classe populaire ; descendant par degrés jusqu'à ceux qui vivent de l'assistance publique, il resterait à expliquer. pourquoi tout ce qui est au-dessus d'un certain degré de « l'échelle sociale » forme une seule classe, la bourgeoisie, et tout ce qui est au-dessous, une seule classe, le peuple. Si l'on essayait de déterminer ces classes et ces sous-classes d'après des degrés de richesse, par exemple d'après des revenus annuels moyens comme ceux qu'établit l'administration des finances pour la perception de l'impôt [2]; ou bien ces limites seraient tout à fait artificielles et conventionnelles, ou bien il faudrait établir que ces inégalités de revenu correspondent à des inégalités sociales d'une autre nature: Or, cela n'est pas. En fait, ni les classes ni les sous-classes ne coïncident avec des degrés de richesse : il y a des bourgeois pauvres, qui restent bourgeois malgré leur pauvreté ; il y a des riches dans les classes populaires, et ils peuvent être fort riches sans devenir bourgeois.

Il n'existe donc pas, il ne peut pas exister de « classe possédante ».

Dans d'autres sociétés que la nôtre et à d'autres époques, la richesse a pu décider des rangs sociaux. C'est ce qui arrive, par exemple, quand elle est tout entière concentrée entre les mains d'une minorité ; mais alors les riches sont une caste et non une

1 Il n'y a aucune impropriété à dire au pluriel « classes moyennes »

2 L'administration des finances ne pourrait d'ailleurs fournir, que la statistique des revenus *déclarés,* lesquels sont très différents des revenus réels. Ainsi « les revenus supérieurs à 50000 francs ne seraient qu'au nombre de 50419. Il suffit de rapprocher ce chiffre du nombre des automobiles en circulation pour apercevoir combien il est éloigné de la réalités » (P. Bodin, dans *l'Information* du 22 février 1914).

II. Classe et richesse

classe : la richesse leur échapperait s'ils n'étaient privilégiés. En ce cas, des institutions positives font correspondre des frontières définies à des degrés définis et surtout à des espèces définies de richesse. Lorsqu'elle n'a qu'une seule forme, ou une forme très prépondérante ; le bétail chez les nomades, la terre chez les peuples agriculteurs qui n'ont point encore d'industries, la séparation est tranchée entre ceux qui ont des troupeaux ou des terres et ceux qui n'en ont pas : Le propriétaire a besoin d'aide pour soigner ses troupeaux ou cultiver ses champs; il est le maître, le seigneur; les autres sont des serviteurs ou des serfs. Il est aussi le chef militaire, car il lui faut défendre son bien ; les autres louent leurs services et sont des soldats. Enfin, il est juge. Dans un tel état de société, le pouvoir central est faible, parfois inexistant. Le petit propriétaire, qui ne peut assurer seul la défense de son domaine, se fait le vassal d'un plus fort, le sert et est protégé par lui. La féodalité, phase par laquelle toute les civilisations ont passé, est une origine de la noblesse.

L'importance militaire de la cavalerie et l'impuissance de l'État à l'organiser et à l'entretenir ont déterminé dans beaucoup de cités le. formation d'une caste de chevaliers. L'homme assez riche pour entretenir un cheval fut astreint à le mettre, en cas de guerre, à la disposition dés chefs d'armée et à servir lui-même comme cavalier. En échange de cette charge et de ce service on lui concéda certains privilèges et certains honneurs. II en fut ainsi à Rome, à. Athènes, et sans doute dans toutes républiques antiques. La chevalerie était naturellement héréditaire avec le cheval et avec la richesse dont la possession du cheval était le témoignage. À la longue, l'institution s'altère : il y a des chevaliers sans cheval et des cavaliers sans chevalerie. - La chevalerie est une autre origine de la noblesse.

Dans tous les cas de ce genre, on trouve bien au point de départ la richesse, - une certaine forme plutôt qu'un certain degré de richesse ; - mais on y trouve aussi une fonction sociale définie répondant à cette richesse. Des avantages ou des privilèges sont attachés à cette fonction, soit qu'ils en découlent naturellement, soit. qu'ils la rétribuent : biens matériels, pouvoirs, honneurs. Ces privilèges ne constituent pas encore une caste. Car ils sont attribués, non aux personnes ; mais aux fonctions ; ils forment alors une classe ouverte : on y entre en acquérant un cheval, un

Edmond Goblot

troupeau, un domaine ; on en sort en perdant cheval, troupeau ou domaine. Mais, comme il est difficile d'y entrer et qu'on s'efforce de n'en jamais sortir, richesses, fonctions et privilèges se transmettent d'ordinaire par héritage; puis une disposition légale survient ou une coutume s'établit, interdisant qu'il en soit autrement. Alors le privilège ne semble plus attaché ni à la richesse ni à la fonction, mais à la seule naissance : la caste est constituée.

Mais comment, dans une société comme la nôtre, qui n'a ni castes ni privilèges, où la richesse forme une échelle continue, où les riches ne sont pas très riches ni les pauvres très pauvres; où ni les uns ni les autres ne sont nombreux ; où la grande masse de la population possède une richesse moyenne [1], comment une cassure s'est-elle produite entre une classe populaire dont une grande partie est fort à l'aise et une classe bourgeoise dont une grande partie: est assez besogneuse ? Car enfin, la cassure tombe précisément là où les degrés de richesse sont le plus rapprochés et le moins saisissables.

C'est que, de part et d'autre de la démarcation, on ne comprend pas de la même manière l'usage de la richesse. D'un côté, on s'efforce de vivre bourgeoisement, et on a beaucoup de peine à y réussir parce que les ressources sont insuffisantes ; de l'autre côté, on vit populairement, et on vit très bien, parce qu'on a plus qu'il ne faut pour cela. N'oublions pas que la distinction des classes est affaire de jugements de valeur. Il s'agit de savoir quel rôle joue la richesse dans de tels jugements. Pour cela, quelques notions doivent être préalablement éclaircies.

Les jugements de valeur sont un peu plus difficiles à manier que les jugements d'existence, mais ils ne relèvent pas d'une logique essentiellement différente. Une chose vaut soit comme moyen soit comme fin. Un moyen est une cause efficiente. Une suite de moyens est une série de causes et d'effets dont le premier terme

---

1 La France est de beaucoup la nation du monde où la richesse est le moins inégalement répartie, la seule où les « classes moyennes » forment presque toute la population. J'appelle classes moyennes la partie aisée des classes ouvrières et paysanne et la partie peu fortunée de la bourgeoisie. Elles ne répondent pas exactement à la « middle class » des Anglais. celle-ci a de gros revenus, mène une vie abondante et confortable, servie par de nombreux domestiques dans des habitations luxueuses. Elle est dite moyenne, parce que l'aristocratie (the upper class) a subsisté. En Angleterre, ce qui correspond au niveau de nos classes moyennes ne se distingue pas des classes populaires.

II. Classe et richesse

est un acte de notre volonté et le dernier le résultat désiré. Juger qu'une chose est bonne comme moyen, c'est juger que, *par le jeu des lois naturelles,* elle produira l'effet attendu ; mais on veut en outre qu'elle soit un bon moyen, ou le meilleur moyen, c'est à dire un moyen plus sûr ou plus économique qu'un autre de produire l'effet voulu. L'évaluation comparative des biens qui valent à titre de moyens n'est possible que s'ils sont moyens d'une même fin, et se réduit à une question de *rendement.*

Si au contraire une chose vaut par elle-même et comme fin, c'est *qu'en fait* elle est l'objet d'un besoin, d'un désir ou d'un vouloir : le jugement de valeur ne peut rien énoncer de plus, car toute raison qu'on en donnerait ferait de la fin un moyen. De tels jugements sont donc nécessairement empiriques. Un conflit de fins ne peut être résolu que par rapport à quelque fin ultérieure ou supérieure : il se ramène alors à un conflit de moyens et à une question de rendement.

Mais il peut arriver que des fins réellement hétérogènes soient simultanément désirées ou proposées à notre volonté, ou (ce qui revient au même) que nous n'apercevions aucune fin supérieure et commune dont elles seraient les moyens [1]; alors le conflit ne comporte pas de solution rationnelle. Il peut admettre une solution empirique, mais le jugement de valeur comparée n'exprimera pas qu'un bien est *préférable* à un autre : il exprimera seulement qu'en fait il est *préféré.* Par exemple, si l'on demande lequel vaut le mieux d'un plaisir intense, mais court, ou d'uni plaisir modéré, mais durable, une personne pourra *constater* qu'elle désire si vivement l'intensité qu'elle renoncera plutôt à la durée ; une autre personne *constatera* qu'elle préfère la durée, quitte à sacrifier l'intensité. On pourrait peut-être résoudre le conflit en faisant une distinction entre le plaisir et le bonheur, puis en cherchant laquelle, de l'intensité ou de la durée des plaisirs; contribue le plus au bonheur. On aura ainsi réduit le plaisir au rang de moyen, et substitué à la question de prévalence ; qui ne comporte qu'une solution empirique, la question de rendement, qui seule peut admettre une solution rationnelle.

Mais les jugements de l'opinion, surtout ceux de l'opinion collective, ne sont pas, d'ordinaire, rationnellement fondés. Ils ne sont même

---

1 En ce cas, nous ne parlerons pas de *rendement,* mais de *prévalence.*

Edmond Goblot

pas, à proprement parler, des jugements empiriques, car, ceux-ci peuvent être réfléchis et pesés ; or ceux-là sont les plus souvent spontanés et sentimentaux. Alors ils ne relèvent plus d'aucune logique : J'appelle *mystique des jugements de* valeur ce que M. Lévy-Bruhl a si bien étudié sous le nom de « mentalité prélogique ». Elle ne se rencontre pas seulement chez les non civilisés ; les enfants, les ignorants nous en offrent autant d'exemples que nous en pouvons souhaiter. Personne ne peut se vanter d'en être affranchi. Les gens instruits, les savants, les philosophes passent au crible de la critique une partie des éléments de leur mentalité prélogique pour en extraire ceux de leur mentalité logique, et ce travail ne s'achève jamais. Car nous jugeons avant de penser : nous avons des jugements mystiques avant d'avoir des jugements de raison. Un esprit cultivé est un esprit qui a défriché, sarclé, et continue à défendre contre l'envahissement des végétations mystiques un coin du champ de sa pensée. Or les jugements les plus difficiles à déraciner sont les jugements de valeur parce qu'ils sont les moins réfléchis, et parmi eux les jugements collectifs, ceux que le sujet n'a pas lui-même formés, mais qu'il a reçus tout formés du milieu social auquel il appartient : tels sont ceux que nous pouvons appeler *jugements de classe.* Pour les extirper, il ne suffit pas toujours de les examiner et d'en reconnaître la fausseté : on conserve souvent les conséquences après avoir rejeté le principe; on retient en détail ce qu'on a condamné en bloc. Enfin le sujet qui a libéré sa pensée personnelle d'une opinion collective fausse n'en a pas pour cela libéré son action : il continue à subir pratiquement la contrainte du milieu social dont il s'est affranchi théoriquement.

Quand le jugement de valeur est sentimental, son objet est presque toujours très mal déterminé. J'admire ; mais qu'est-ce au juste qui excite mon admiration ? Est-ce le diamant ou la personne dont il rehausse la beauté ? Est-ce la beauté du diamant ou la grosse somme, qu'il représente ? Est-ce le titre pompeux ou le personnage qui le porte ? Est-ce le beau château ou, avec le château l'heureux châtelain ? « Si le cheval disait, en se redressant : je suis beau! ce serait tolérable, car il se vanterait d'un avantage qui est à lui. Mais toi, quand tu dis, en te redressant : j'ai un beau cheval ! sache bien que l'avantage dont tu te vantes est à ton cheval. » Epictète a raison d'avertir, car on s'y trompe. On ne se parerait pas d'un diamant, on

II. Classe et richesse

ne serait pas fier de son titre, on ne montrerait pas son château si l'on ne comptait que l'admiration qui va à la beauté du diamant, du titre et du château va aussi et du même coup à la personne qui les possède. La richesse rend l'homme important, imposant, volumineux. On se sent petit devant celui qui a de beaux habits, des équipages, des valets; un grand nom, un bel hôtel. Il faut de la réflexion pour s'apercevoir que sa personne est comme une autre. Les moralistes ont inlassablement prêché, presque toujours dans le désert, une vérité si évidente et si souvent, méconnue. Pour estimer la valeur des hommes, il faudrait les déshabiller, comme au conseil de révision ; mieux encore, il faudrait les déshabiller au moral comme au physique et faire comparaître leurs âmes toutes nues, comme au jugement dernier. - Mais non ! nous ne sommes ni au conseil de révision ni au jugement dernier. Nous avons raison de juger les hommes tout habillés, car, clans la vie sociale; leur vêtement fait partie d'eux-mêmes: Si nous les voyions tout nus, nous ne saurions plus ce qu'ils sont. *Ils ne seraient* plus ce qu'ils sont.

L'impression que font sur nous les choses et les hommes n'est pas une simple idée, mais bien une idée sentimentale, une représentation enveloppée d'un nuage d'émotions agréables ou pénibles, séduisantes ou répugnantes, auxquelles se joignent des images accessoires apportant aussi avec elles les émotions qui les pénètrent et les débordent, évoquées elles-mêmes le plus souvent par l'analogie de leur coloration émotive

Tout fait de la mentalité prélogique est une masse confuse d'éléments représentatifs pauvres et vagues noyés dans des éléments émotifs et provoquant des réactions passionnées, actes ou jugements, sur lesquels la. raison n'a pas de prise. Le principe de contradiction, - à savoir ,*qu'on ne peut* affirmer et nier en même temps les mêmes choses, - ne joue que dans le domaine de la pensée réfléchie: *On peut* affirmer et nier à la fois la même chose, pourvu que l'un des jugements soit au-dessus, l'autre au-dessous du seuil de la pensée claire. Nous pouvons avoir à la fois, sans qu'ils se heurtent et s'excluent, attendu qu'ils ne se rencontrent pas, d'une part des principes explicites et formulés, si raisonnables qu'on ne peut y prendre garde sans y reconnaître immédiatement la vérité et la justice et y trouver avec satisfaction une marque

Edmond Goblot

de santé intellectuelle et de respectabilité morale, - d'autre part, des postulats implicites, si absurdes et si iniques que nous ne pourrions leur prêter la plus fugitive attention sans les trouver ridicules et scandaleux. Les premiers, l'intelligence les salue et se croit quitte envers eux quand elle leur a rendu ce platonique hommage ; à l'occasion, elle s'en fait une parure : nous avons des idées généreuses ! Les seconds nous gouvernent à notre insu. Nous ne les avouerions jamais même en secret à nous-mêmes ; et pourtant ils sont présupposés par les opinions qui s'élaborent et les actions qui se décident en dehors de la pensée réfléchie.

La logique, en soumettant la pensée à une critique qui la dégage du sentiment [1], a déjà beaucoup de peine à se soumettre les jugements d'existence ; les jugements de valeur lui résistent beaucoup plus: Elle établit imparfaitement son contrôle sûr la pensée individuelle; quand les jugements de valeur sont des « représentations collectives », ils ne relèvent plus guère que de la mystique.

La « considération » du bourgeois est faite de tels jugements : Comment négligerait il l'importance que donne à un homme la richesse dans l'imagination d'autrui ? Si l'opinion que les autres ont de nous était un. jugement réfléchi, raisonné, documenté, critiqué ; fondé, il n'y aurait pas de classes sociales, car ce jugement serait l'estimation exacte de ce que nous valons véritablement, la reconnaissance de notre mérite personnel, à moins qu'il ne fût celle de notre misère intellectuelle et morale. Mais les jugements d'opinion, en lesquels seuls réside toute la réalité des classes, manquent d'information, de pénétration, de compétence et de critique ; ce sont des jugements de sentiment, c'est à dire mystiques. Le mérite personnel, outre qu'il ne saurait constituer des classes et ne peut même que les dissoudre, ,ne fait pas d'effet ou n'en fait qu'à la longue; il est difficile à connaître et, une fois connu, à évaluer. Ce qui impressionne ; ce qui agit sur l'imagination rapidement ou même d'emblée, ce qui provoque l'admiration et le respect, ce sont des qualités d'apparence et de surface. Aussi l'orgueil, la fierté, l'honneur sont ils plus rares que la vanité; qui tend à capter le jugement de mérite personnel par des signes trompeurs, mais immédiatement saisissables, en comptant bien que l'illusion ne sera pas percée à jour.

1 Voir notre *Traité de Logique, § 7.*

II. Classe et richesse

Or rien n'est plus apparent que la richesse. Elle produit une sorte de grossissement de la personnalité : Ce *sont les yeux d'autrui qui nous ruinent*. Certaines dépenses, dont on se passerait parfaitement, paraissent indispensables uniquement parce qu'elles se voient ; certaines économies, qu'on supporterait sans grande privation, paraissent impossibles uniquement parce qu'elles se voient. On veut être bien logé, un peu sans doute pour être au large et confortablement installé ; beaucoup plus pour avoir l'air d'un personnage. On veut avoir une cave bien garnie, un peu parce qu'on aime les vins de choix, beaucoup plus pour avoir le plaisir de montrer à ses amis qu'on en possède et qu'on a de quoi se les payer.

Et, sauf de rares exceptions, personne ne dira : « Ce qu'il y a d'admirable chez cet homme, c'est sa maison ; ce qui fait toute la valeur de cet autre, ce n'est ni son esprit, ni son savoir ni sa conscience, ni son cœur ; c'est son bourgogne ». Porter un habit usé ou démodé, habiter une maison de peu d'apparence, dans un quartier où il y a des pauvres, se voir réduit dans un moment de gêne momentanée, à emprunter de l'argent sont des maux redoutés surtout à cause de l'humiliation. On a plus de honte de sa pauvreté que de ses vices. C'est elle qu'on dissimule ; on rougit de ce qui la dénonce.

L'une des choses qui trahissent le plus le manque de ressources, c'est la nécessité de travailler pour vivre. Il est plus distingué de se faine servir que de se servir soi-même ; d'être servi que de servir les autres ; rien n'est plus honorable que d'être rentier, de ne rien faire, de n'être même bon à rien, d'être inutile et de vivre du travail d'autrui : l'honneur c'est l'argent. Et pourtant nul n'ignore que le travail est honorable, que « l'oisiveté est mère de tous les vices », que « pauvreté n'est pas vice », que richesse n'est pas mérite, que « l'honneur et l'argent » n'ont pas de commune mesure, etc. Ces proverbes font bien partie de la mentalité collective. Mais le même sens commun qui nous les impose à titre de principes théoriques nous impose en même temps des maximes pratiques secrètes qui les contredisent; en sorte qu'il y a à la fois, dans les jugements de classe, des postulats implicites qu'on n'oserait jamais énoncer, auxquels on ne saurait arrêter sa pensée sans les trouver ridicules ou scandaleux, mais qu'en pratique on prend pour règles d'évaluation et d'action, - et par contre d'excellentes sentences proverbiales si évidentes que la seule raison qu'on puisse avoir eue de les formuler est de contredire et de répudier ces postulats implicites.

Cette mystique des jugements de valeur et, par suite, leur incohérence logique, n'est pas du tout caractéristique de notre bourgeoisie française moderne ; elle est de toujours et de partout. En outre, elle ne suffit, pas à rendre compte de la distinction des classes, car ce grossissement de la personne par sa richesse est plus ou moins exactement proportionnel à cette richesse ; il tend donc à former une gradation continue du plus pauvre au plus riche :

Ce qui contribue à la démarcation, ce n'est pas tant la :richesse que l'usage qu'on en fait; c'est pourtant aussi un certain degré de richesse : car un minimum de ressources est nécessaire pour vivre bourgeoisement. Il faut se vêtir, se loger, se meubler avec un certain « décorum » ; se nourrir « convenablement », accepter et rendre certaines politesses. Le luxe de la table ne ruine pas la bourgeoisie moyenne ; elle est sobre et dépense en aliments et en boissons moins que l'ouvrier. Mais elle tient à la manière dont la nourriture est servie. Au marché, ce sont les ouvriers qui achètent les volailles chères, le gibier, les primeurs; les raretés, les gourmandises. Mais, dans la famille bourgeoise, le repas est mieux réglé, l'hygiène de la nourriture plus surveillée, la table dressée avec soin selon des principes de symétrie, la nappe irréprochable, la vaisselle plaisante à voir. Si exigu que soit l'appartement du petit bourgeois, chaque pièce y doit avoir une affectation spéciale : on ne mange pas dans la cuisine; on ne couche pas dans la salle à manger; il y a un salon. Ce salon est tout à fait caractéristique. Uniquement destiné à recevoir les visiteurs, il est placé tout près de la porte d'entrée, comme pour éviter de les admettre dans l'intimité de la famille. Les meubles, plus ou moins luxueux, et souvent d'autant plus laids qu'ils sont plus luxueux, sont recouverts de housses qu'on enlève une fois par semaine. Là se trouve rassemblé tout ce que la famille possède de décoratif : le piano, la pendule « à sujet » avec les candélabres, les potiches, les tableaux ; les bibelots inutiles. C'est le domaine du luxe ; dans le reste de la maison, où pénètrent seuls de rares intimes, règne souvent la plus sévère, la plus minutieuse économie : - La vie bourgeoise exige une certaine culture (nous verrons laquelle !) qui ne s'acquiert pas sans maîtres, sans livres, sans loisirs. Tout cela coûte. Une « modeste aisance » y peut suffire si la famille

II. Classe et richesse

n'est pas trop nombreuse. Mais on sait ce qu'une modeste aisance représente de travail et d'épargne, de privations et de sacrifices ! Ou plutôt on ne le sait pas ; on ne le saura jamais, car rien ne se cache avec autant de soin. Ce n'est pas dans les classes populaires qu'il faut chercher l'épargne française tant vantée ; ce n'est pas dans les classes populaires qu'il y a des pauvres honteux ; c'est derrière les portes closes du bourgeois sans fortune. On supporte patiemment la pauvreté tant qu'on la dissimule, tant qu'elle n'est que privation ou même souffrance ; c'est quand elle est humiliation qu'elle est intolérable; les économies qui se voient sont celles qu'on fait les dernières et avec le plus d'amertume.

Deux raisons surtout font qu'un minimum de ressources est nécessaire à la vie bourgeoise.

La première est que la femme ne fait aucun travail rétribué. L'homme assume seul toutes les charges. La femme est censée être un objet de luxe. La direction de sa maison et l'éducation. de ses enfants ne l'absorbent pas tout entière, car elle commande et se fait servir : elle a des domestiques, des professeurs, des institutrices, des gouvernantes. Il lui reste des loisirs qu'elle consacre à la vie mondaine. Elle .passe six jours de la semaine à faire des visites et le septième à en recevoir. La petite bourgeoise fait des prodiges pour assurer l'entretien de son intérieur avec une seule « bonne à tout faire » sans se condamner pourtant à une vie solitaire et recluse qui serait un véritable déclassement.

La seconde raison est que l'éducation et l'instruction des enfants bourgeois se prolonge jusqu'à leur majorité et souvent bien au delà. Elles sont très onéreuses, même avec l'aide des bourses dans les établissements publics, et plus chères à mesure que les enfants grandissent. Les charges de famille pèsent très lourdement sur la bourgeoisie moyenne et petite. C'est une des causes, probablement la principale, de la décroissance de la natalité. Comme nous sommes le peuple qui a le moins de riches et le moins de pauvres, celui où la répartition de la richesse présente les moindres écarts, celui où les classes moyennes sont l'énorme majorité, débordée aux deux extrêmes par de faibles minorités, les effets de cette cause sont considérables. La dépopulation est la rançon terrible de nos mœurs égalitaires. La limitation du nombre des enfants sévit au voisinage de la frontière des classes et de part et d'autre, au-dessus

Edmond Goblot

parce qu'on redoute la déchéance, au-dessous parce qu'on aspire à l'ascension. Or le déclassement est consommé quand on ne peut plus trouver les avances nécessaires pour faire donner aux enfants une éducation bourgeoise.

S'il y a une relation entre les classes et la richesse, il s'en faut de beaucoup que la distinction des classes se réduise à une question de richesse. Au contraire, la notion de classe est nécessaire pour donner un sens aux mots *riche* et *pauvre*. Est riche celui qui est plus riche qu'il n'est requis pour vivre comme on vit communément dans la classe à laquelle il appartient, c'est-à-dire celui qui a du superflu. Et pauvre celui qui manque *du nécessaire*. Mais le nécessaire et le superflu. sont relatifs à la condition sociale. La bourgeoisie pauvre est celle qui vit sous la. perpétuelle menace de ce qu'elle craint le plus : le déclassement.

La richesse ne concourt, en somme, à la distinction des classes que sur le bord immédiat de la frontière qui les sépare et n'y concourt qu'indirectement. C'est là qu'elle est le plus avidement recherchée, non pour les jouissances qu'elle procure, puisque ces jouissances sont allègrement sacrifiées. C'est là que la pauvreté est le plus redoutée, non pour les souffrances qu'elle inflige, puisque ces souffrances sont courageusement acceptées. Mais, de part et d'autre de cette limite, un faible accroissement, une faible diminution des ressources matérielles suffisent soit pour s'élever des métiers serviles aux professions libérales, soit pour être précipité des professions libérales dans les métiers serviles.

Ainsi l'échelle des revenus, - échelle continue aux degrés indéfinis, - a une partie de ses degrés au-dessus et une partie au-dessous d'un certain niveau, qui est le minimum de revenu nécessaire pour vivre bourgeoisement. Vivre bourgeoisement, c'est, avant tout, faire donner à ses enfants une éducation bourgeoise.

III. Classes et professions

Rien ne marque l'homme comme la profession. Le travail quotidien détermine le régime ; plus encore que les organes, il contraint les idées, les sentiments, les goûts à s'adapter. Habitudes du corps, habitudes de l'esprit; habitudes du langage, tout concourt à donner à chacun de nous la physionomie professionnelle. Entre personnes de même profession on se connaît, on se recherche, on se fréquente, par nécessité et par choix ; par suite, on. s'imite.

Il en résulte des groupes, non des classes. Ce sont, au contraire, les classes qui influencent le choix des professions. Un bourgeois ne se .fait pas menuisier, serrurier, boulanger, forgeron [1]. Par contre, on devient très bien bourgeois en partant de telles professions. Mais, si le fils d'un menuisier se fait avocat, il devient bourgeois d'abord, au lycée, et à l'École de Droit.

Des hommes de professions très différentes sont identiques en tant que bourgeois et se traitent en égaux; des hommes de métiers très différents sont identiques en tant qu'artisans. Ce sont les classes qui groupent les professions et les séparent. La langue enregistre cette séparation : les fonctions exercées par des artisans ne s'appellent pas des professions, mais des métiers. La nuance subsiste même quand on intervertit les termes. Si, au lieu de dire d'un médecin ou d'un avocat qu'il est savant, ou habile, on dit qu'il *sait son métier,* c'est à dessein, pour signifier qu'on le juge en dehors de toute considération de classe et qu'on ne considère dans l'homme que le travailleur qui travaille bien. Si les écoles où l'on apprend un métier s'appellent *écoles professionnelles* plutôt qu'écoles d'apprentissage, c'est qu'on a voulu, en les créant, leur donner une désignation qui les relève. Dans ces interversions de termes, il y a une pointe d'esprit démocratique en même temps qu'une reconnaissance implicite de l'inégalité sociale.

Le proverbe : Il *n'est pas de sot métier, il n'est que de sottes gens,* est une idée de simple bon sens. Pourquoi a-t-on éprouvé le besoin de l'exprimer sinon pour exclure quelque préjugé [2] ? Les proverbes sont souvent des vérités impossibles à contester; mais bonnes à dire tout de même, car on les méconnaîtrait si on ne les exprimait pas. On les méconnaît encore après les avoir exprimées. Si ce proverbe

1 Une famille était dans la désolation à cause d'un garçon qui, après de multiples tentatives, était atteint par le service militaire sans avoir pu passer son baccalauréat. J'osai suggérer qu'il vaudrait peut-être mieux y renoncer et chercher quelque autre voie. « Mais on ne peut rien faire sans cela ! » s'écria le père. - « Comment donc! répondis-je. On peut être maçon, charpentier, épicier, cultivateur, etc. Un bon entrepreneur de bâtisses gagne sa vie mieux qu'un médiocre avocat. » Le père leva les bras au ciel. On n'exerce pas ces professions là quand on est bourgeois.

2 Sur la signification des jugements négatifs, voyez notre *Traité de Logique,* § 103.

Edmond Goblot

était réellement pris au sérieux et appliqué, il serait la négation même des classes. En fait, le bourgeois estime qu'il y a beaucoup de sots métiers, de métiers bas ou ridicules, fort bons tout de même et fort honorables, mais pour d'autres que pour lui. Quelques-uns le tenteraient peut-être parce qu'ils sont lucratifs et conviendraient à ses goûts et aptitudes; mais sa dignité les lui interdit. Quels sont ces métiers qui sont *tabou* pour le bourgeois ?

D'abord ceux qui sont répugnants, salissent les mains ou les vêtements. Les mains du bourgeois ne sont pas altérées par les souillures, les mâchures, les callosités du travail: Leur délicatesse est un signe de classe. Il les soigne. Il porte des gants.

Puis les métiers pénibles : porter des fardeaux, manier des outils pesants, garder une attitude fatigante, répéter machinalement un mouvement monotone, ne sont point travaux de bourgeois. Ses ressources lui permettent d'échapper à la servitude du travail violent, où la force physique de l'homme lutte contre la force physique des choses.

Enfin, les métiers manuels en général, même si l'outil est aussi léger qu'une plume ou une aiguille, sont au-dessous de sa dignité dès qu'ils sont la main qui exécute, non l'esprit qui conçoit et la volonté qui commande.

Dans les trois cas, il semble évident que le métier est exclu parla classe. On ne fait pas de la menuiserie en redingote, du terrassement en chapeau haute-forme. Quand on est de la bonne société, on ne s'expose pas à porter sur soi ; même après s'être lavé, l'odeur persistante des substances qu'on a maniées tout le jour. On peut bien avoir affaire à des personnes d'éducation inférieure pour leur donner des ordres, on ne peut pas vivre en intimité avec elles. C'est parce qu'on est bourgeois, c'est parce qu'on vit bourgeoisement, c'est parce qu'on fréquente la société bourgeoise, c'est parce qu'on porte, dans la rue et dans le monde, la tenue du bourgeois qu'on ne peut se plier au travail qui mélange, qui déforme ou qui salit [1].

---

1 Il y a des exceptions. Au début de l'hiver de 1914, mourut à l'hôpital de Montélimar un homme que toute la ville connaissait. On l'avait vu chaque dimanche pendant trente ans au moins, se promener par le cours vêtu avec une suprême élégance : vêtements dé bonne coupe, souliers vernis, linge irréprochable, cravate à la mode piquée d'une épingle de bon goût, canne de choix. Après quelques tours de promenade, quelques paroles courtoises échangées avec les amis

III. Classes et professions

Dans sa maison; Madame ne reste pas inactive; mais il est des besognes qu'elle ne fait pas; elle les fait faire par des domestiques et des mercenaires, par exemple tout le nettoyage et les travaux de fatigue.

En ce qui concerne la troisième catégorie de métiers manuels, la bourgeoisie attache une extrême importance à garder les distances. À la campagne, les maîtres, qui n'ont pas de prétentions à la vie bourgeoise (et qui souvent n'en vivent que mieux), mangent à la même table que leurs serviteurs, portent le même costume, peut-être un peu plus beau, parlent le même langage, ne se distinguent d'eux que par le fait de commander. À la villa, il en est de même du maître ouvrier à l'égard du compagnon et de l'apprenti. Mais dans la vie bourgeoise, les distances entre maîtres et serviteurs sont d'autant plus nettement marquées qu'ils vivent dans la même maison. Les gens de service y sont généralement traités avec humanité. On les nourrit bien ; on les soigne quand ils sont malades. On se prend d'affection pour ceux qui sont dévoués et fidèles Il y avait autrefois dans presque toute maison bourgeoise de ces vieux serviteurs attachés à leurs maîtres, qui vieillissaient auprès d'eux et y mouraient après avoir élevé plusieurs générations d'enfants. On les aimait; ils étaient vraiment de la famille, mais ils ne vivaient pas de la vie bourgeoise. Le costume, les formes du langage indiquaient l'inégalité entre ceux don la condition est de servir et ceux qui ont l'avantage et la dignité de se faire servir. C'est peut-être parce que la bourgeoisie plus récente a un peu trop fortement accentué ces distances que ces vieux et fidèles serviteurs ont à peu prés disparu.

Le bourgeois se sépare aussi de ceux qui le servent en dehors de la maison. Une dame parle de ses fournisseurs avec une certaine nuance de ton, à peu près comme une grande « dame » de l'Ancien Régime disait : « Mes gens [1] ». Elle n'aime pas à se rencontrer en

---

et connaissances, il entrait au café, se faisait apporter les journaux, dépliait un fin mouchoir et l'étalait sur ses genoux pour préserver sors pantalon des gouttes d'écume qui auraient pu couler de son bock. Il s'entretenait avec ses amis des événements du jour en un français aussi correct que sa tenue. Les six jours de la semaine, vêtu du bourgeron, il maniait le ciseau, la varlope et la scie : c'était un menuisier.

1 Je feuilletais un jour des partitions chez un marchand de musique. Une cliente survient. Le marchand s'informe de sa santé et de celle de ses enfants :

société avec eux ou avec leurs femmes; elle n'est pas du même rang social que ceux à qui elle donne des ordres. Ces fournisseurs peuvent être capitalistes, faire d'excellentes affaires, être beaucoup plus riches que leurs clients. Ils ne sont pas bourgeois s'ils servent eux-mêmes les clients dans leur boutique. Le marchand ou l'industriel est bourgeois s'il est chef d'entreprise, s'il a du personnel pour peser, empaqueter, recevoir de l'argent dans la main; s'il ne paraît au magasin que pour surveiller et donner des ordres. Le bourgeois de l'ancien régime était avant tout le marchand ; le bourgeois du nouveau peut encore être marchand, à condition de ne pas être *boutiquier*.

Ainsi il est interdit au bourgeois, par sa dignité, de vaquer personnellement aux besognes répugnantes ou trop pénibles, comme aussi de servir les autres pour de l'argent. Car sa condition est. d'être élégant et de se faire servir.

Mais ne serait-ce pas plutôt l'inverse? La classe bourgeoise n'est-elle pas l'ensemble des personnes assez favorisées de la fortune pour pouvoir laisser à d'autres les « sots métiers » ? Et la vie bourgeoise n'est-elle. pas tout simplement l'adaptation des mœurs, des usages, du costume, du langage, des formes de civilité et même des idées, des opinions et des sentiments à une certaine catégorie d'occupations professionnelles ?

Cette défaveur qui s'attache au travail manuel et au travail commandé n'est d'ailleurs pas un trait caractéristique de la bourgeoisie française moderne; il se rencontre partout où il y a des castes ou des classes. Toute supériorité de rang social se traduit et s'exprime par le pouvoir de se faire servir, et cela moins pour

---

« Mademoiselle votre fille est en âge d'entrer au lycée. - Au lycée ? Non certes. J'ai cédé pour mon fils parce que son père y tenait; mais je ne céderai pas pour ma fille. L'instruction du lycée est excellente, tout le monde en convient; mais il y a l'éducation, et c'est une chose si importante pour une fille ! Au lycée ma fille se trouverait avec les enfants de *mes fournisseurs*. » Je ne pus me retenir. « Pardonnez-moi, Madame, mes filles vont au lycée. L'éducation qu'elles y reçoivent est excellente, comme l'instruction. Elles s'y rencontrent avec des filles de boulanger, de boucher, d'épicier, c'est vrai. Mais ces enfants sont très bien élevées; et cela se comprend : elles sont élevées par leurs mères et non par leurs bonnes. » Quand cette dame fut partie : « Eh bien! me dit en riant le marchand de musique, c'est ainsi que vous traitez mes clientes ! -- Qu'appelle-t-elle donc ses fournisseurs? Il me semble que vous en êtes. C'est vous que j'ai défendu. - Vous avez fort bien fait. Ma fille va au lycée avec les vôtres, et je pense comme vous. »

III. Classes et professions

s'éviter de la peine que pour marquer son rang: Car il faut qu'il soit reconnaissable, et, s'il se peut, au premier coup d'œil. En Chine, les ongles du mandarin, aussi longs que ses doigts, ces ongles soignés, souples, transparents, spiralé, sont une preuve manifeste qu'il ne fait rien de ses mains. N'est ce pas aussi pour signifier qu'il ne s'abaisse pas aux travaux serviles que notre bourgeois porte un costume avec lequel ils seraient impossibles ? Il éprouve le besoin de faire savoir ; à la simple inspection, qu'il n'est pas un manœuvre, un homme de peine, un domestique. Est-ce bien la classe qui détermine la profession ? n'est-ce pas plutôt la profession qui classe ?

C'est à la fois l'un et l'autre. Celui qui a reconnu la fausseté, l'absurdité et souvent la révoltante injustice des principes que supposent certains jugements de classe et les mœurs qui en résultent et qui voudrait, s'en affranchir rencontre la résistance à peu près invincible du milieu social auquel il appartient. Il y a des cas où il faut absolument « faire comme tout le monde », c'est à dire comme ses pareils, comme ceux de la morne profession. C'est donc bien la profession une fois choisie qui impose le genre de vie. - Mais, d'autre part, la classe précède la profession : avant de faire choix d'une carrière, on appartient déjà à une classe par sa famille, ses relations, son éducation et sa culture. On n'a pas choisi son rang social, pas plus qu'on n'a choisi sa famille: On y est né; on y a été élevé; on est pris par lui. On a choisi sa profession. Mais le choix est limité : un bourgeois ne peut adopter qu'une profession bourgeoise. Il est vrai que la profession est le moyen le plus ordinaire de parvenir. Mais, justement, on n'est qu'un parvenu si l'on n'est pas devenu bourgeois en même temps, et même d'abord.

Le bourgeois ne craint pas plus qu'un autre l'effort physique, à condition qu'il soit volontaire et gratuit. Il rougirait d'y trouver ses moyens d'existence. Non pas qu'il soit indifférent au lucre. Les revenus de sa maison de commerce, de son usine ou de sa banque lui paraissent le fruit mérité, la juste récompense de ses efforts, de son énergie, de sa prévoyance, de sa conduite. Ces vertus, - qui rapportent, - sont celles qu'il estime le plus. Il ne craint pas de vendre ou de louer son intelligence, son savoir, ses conseils, sa surveillance, sa simple présence et même, s'il se trouve avoir une valeur marchande, son nom; mais il ne loue pas ses mains,

Edmond Goblot

ses épaules ou ses reins. Il fait payer son temps, sa peine, sa responsabilité; mais il ne gagne pas son pain « à la sueur de son front. » Cependant il travaille de ses mains quand les témoins, s'il y en a, savent ou croient qu'il n'y est pas obligé et que cela ne lui rapporte rien. On ne se cache pas de bêcher son jardin, de fendre du bois, de faire de la menuiserie, pourvu qu'on soit censé le faire par distraction ou par hygiène. Certains sports exigent plus d'efforts physiques et plus d'endurance que beaucoup de métiers manuels. On ne traverserait pas la place avec un panier, et on part en excursion chargé d'un énorme sac de touriste ; mais on le fait volontairement. Ce n'est donc pas sa peine que l'on craint, c'est l'humiliation : on ne veut pas paraître contraint, soit par une autorité, soit par la nécessité de vivre, à subir les fatigues du travail du corps.

Il est fort honorable pour une dame de s'occuper *chez elle* de l'entretien de son linge, de faire elle-même ses chapeaux et ses robes. Mais si des dames réunies dans un salon occupent leurs doigts tout en causant ou en écoutant de la musique, ce ne peut être à raccommoder des chaussettes; c'est à faire quelque « travail de dames », quelque inutile broderie, quelque tapisserie superflue, ou à coudre pour les pauvres.

Le travail intellectuel est aussi fatigant que beaucoup de travaux manuels. L'accoutumance est aussi nécessaire pour l'un que pour les autres: Un intellectuel ne supporterait pas une heure la besogne qu'un terrassier supporte huit heures ; mais le terrassier supporterait-il une heure de lecture sérieuse ? Tout conférencier sait qu'une heure est le maximum d'effort intellectuel qu'on puisse demander à un auditoire adulte [1], même intelligent et instruit.

Mais il semble que le travail de l'esprit relève autant que l'autre dégrade. Les jugements de valeur qui font là distinction des classes se ramèneraient ils donc à la prévalence de l'esprit sur la matière, de la vie intellectuelle et morale sur la vie organique ? Il y eut naguère une philosophie bourgeoise : les gens du monde comme il faut devaient être spiritualistes; pour eux le matérialisme était toujours « grossier ». Cette prévalence du spirituel sur le corporel est à la fois dans la tradition de l'antiquité classique et dans celle du christianisme ; toute notre civilisation en est imprégnée. Le

---

1 C'est seulement aux enfants qu'on demande un effort d'audition plus prolongé.

travail manuel rapproche l'homme de la bête de somme; on utilise le manœuvre comme on utilise un cheval, un bœuf, un chien, chacun selon ses aptitudes naturelles. Un homme et un bœuf sont deux serviteurs dont les os, les muscles et les organes de perception sont diversement constitués et diversement utilisables. Avec le progrès; on remplace avantageusement par une machine le serviteur humain comme le serviteur animal:

Ainsi la bourgeoisie se réserverait les professions *d'initiative,* de *commandement, d'intelligence* et laisserait aux classes populaires les métiers *d'exécution, d'obéissance,* d'effort *physique.* Les premières sont celles qu'exerçaient dans l'antiquité les hommes libres, d'où le nom de professions libérales [1] ; les métiers populaires correspondraient aux arts serviles des anciens. Il y aurait, dans notre division en classes, quelque chose comme une survivance – très indirecte, il est vrai, et très lointaine, - de l'esclavage antique. Sans doute, nos codes n'admettent plus de personnes sans droits, sans, famille, achetées et vendues comme des choses ; mais la division du travail social, à travers tant de révolutions, serait, dans ses lignes essentielles; restée la même, conservée par une tradition interrompue, puisque le travail manuel et le travail commandé n'ont pas cessé d'être considérés comme des signes d'infériorité de rang social.

On n'objectera pas qu'il y a dans les classes populaires des personnes très supérieures, intellectuellement et moralement, à beaucoup de bourgeois, plus capables et plus dignes qu'eux d'exercer de telles professions. Une classe ne peut empêcher qu'il ne naisse en elle des caractères faibles, des intelligences médiocres ou pires que médiocres, des natures inférieures qui n'exerceront jamais d'autorité, parce qu'on ne leur obéirait pas, et aussi des hommes de moralité suspecte auxquels personne ne se soucie de confier des intérêts. Ces enfants font le désespoir et la honte de leur famille. Souvent, on finit tout de même par les caser ; on leur trouve des emplois subalternes, qui ont encore l'apparence de professions bourgeoises. Mais c'est la menace et même le premier degré du déclassement. Dans les classes populaires, il ne manque pas d'hommes heureusement doués qui, tout en restant dans les

---

1 *Ingenuae artes,* que l'expression les *beaux-arts* ne traduit pas exactement. L'administration était une profession libérale, la musique était un art servile.

Edmond Goblot

métiers, deviennent des chefs, mènent bien leur affaire, savent être indépendants, sans passer pour cela aux professions bourgeoises et à la vie bourgeoise.

Mais c'est le premier degré de l'ascension : leurs enfants seront des Messieurs et des Dames. On devient plus souvent bourgeois par le mérite de son père que par le sien propre.

Les professions libérales seraient donc bien le caractère essentiel de la classe bourgeoise, si c'est par elles qu'on y entre, par elles qu'on s'y maintient, et si c'est faute d'être capable ou d'être digne de les exercer qu'on se déclasse. Avec l'égalité devant la loi; la plus importante et définitive conquête de la Révolution fut l'abolition des privilèges de naissance et l'accession de tous à toutes les professions.

Mais si la bourgeoisie moderne était une supériorité d'intelligence et de culture, ceux qu'on appelle depuis peu [1] les *intellectuels* formeraient une classe supérieure à la bourgeoisie, ou bien, dans la bourgeoisie, une sous-classe, occupant un rang supérieur. Il n'en est rien. Il n'y a que des professions intellectuelles; elles ne sont, pas des classes, encore moins une classe. Les intellectuels sont des bourgeois, et d'un rang social peu élevé s'ils ne sont bourgeois que par leur intelligence. La considération qu'on a pour eux a quelque chose d'un peu équivoque : on ne sait trop si ces professions sont humbles ou supérieures, enviées ou dédaignées. La manière dont on les juge, quand ce jugement n'est pas corrigé par la réflexion, se nuance d'un peu de défaveur ou de pitié condescendante. On admire que des hommes si éclairés s'imposent tant de travail pour si peu de profit. Le premier mouvement est de penser que, leur choix fut une maladresse et que c'en est une autre que d'y persévérer. À la réflexion, tout de même, on s'incline devant le désintéressement.

Car le travail intellectuel est, au moins en partie, désintéressé, parce que ceux qui s'y livrent, récompensés de leur effort par les satisfactions qu'ils y trouvent, se contentent de rétributions assez faibles. Tout universitaire éprouve quelque fierté à penser que les émoluments qui assurent son existence ne représentent pas

---

1 En France, cette expression date de l'Affaire *Dreyfus*. Dans certains pays. - en général, les pays slaves, - on dit « l'Intelligence » ; comme on dit la Noblesse, l'Armée; la Marine, le Commerce, l'Industrie, le Clergé. Ces mots ne désignent pas des classes, mais des organismes professionnels.

III. Classes et professions

la valeur de ses services. Le magistrat, le militaire, le prêtre ont le même sentiment. La médiocrité de leur situation leur est une garantie qu'ils ne vendent pas la science, la justice, le sacrifice de leur vie, le salut des âmes. Naturellement, les intellectuels sont des bourgeois s'ils l'étaient déjà par leurs rentes, leur famille, le milieu social d'où ils sont sortis. S'ils ne le sont que parleur profession, ils sont des bourgeois assez médiocres.

C'est qu'en effet, il est impossible que la distinction des classes se fasse d'après des caractères profonds et d'appréciation délicate comme l'intelligence, la moralité, le caractère. L'avantage d'être classé est justement que les signes apparents de la classe font supposer, à tort ou à raison, des mérites qui sans eux échapperaient à l'opinion. La bourgeoisie, qui croit être et veut paraître une élite, ne peut souffrir qu'une autre élite se forme au-dessus d'elle et lui vole son avantage. Elle honore le talent, le savoir et les vertus; elle accueille les intellectuels. Elle ne peut pas les rejeter en dehors d'elle, car sa seule raison d'être, la seule apparence de droit qu'elle puisse se donner, c'est la supériorité de sa culture. Mais le mérite personnel, par cela même qu'il est personnel, est un dissolvant de la classe, un perpétuel danger pour son existence. Par nécessité vitale, la société bourgeoise se solidarise avec le mérite qui surgit en elle ou au-dessous d'elle, s'efforce de l'absorber, de se colorer tout entière de son reflet et dé son rayonnement, afin qu'il semble être son émanation et sa floraison naturelle: Si les professions intellectuelles .se séparaient d'elle, si le monde des sciences, des lettres. et des arts d'une part, le monde des affaires de l'autre, ayant reçu à l'origine une culture générale commune; mais se spécialisant bientôt suivant des voies divergentes, ne restaient pas sur le même plan, la bourgeoisie disparaîtrait.

À vrai dire, la supériorité de la bourgeoisie n'est ni intellectuelle ni morale. Le travail de l'esprit est estimé plus honorable que le travail du corps, mais il est plus honorable encore de ne pas travailler du tout et de vivre de ses rentes. Et parmi les qualités d'esprit et les qualités morales, les plus honorées sont celles dont on est récompensé par l'accroissement de sa fortune. La sagesse pratique et calculatrice, la prudence, l'ordre, l'économie, la régularité dans le travail, voilà les vertus bourgeoises. Les vices les plus dégradants sont ceux qui troublent le monde des affaires ou la jouissance des

Edmond Goblot

biens acquis : l'improbité, le vol, l'escroquerie, l'abus de confiance. La faillite déclasse et déshonore, même quand elle est un malheur plutôt qu'une faute. On sait la sévérité des jurys pour les crimes contre la propriété, leur indulgence pour les crimes contre les personnes. La débauche est sévèrement jugée quand elle entraîne la ruine ou le déclassement, péché très véniel quand elle est méthodiquement réglée et limitée. - Le bourgeois n'a pas grande estime pour la pensée pure, la science, la philosophie ; il n'aime pas les doctrinaires et les idéologues; il se défie des ingénieurs trop savants, purs *théoriciens,* mauvais praticiens [1]. La peur des idées est un trait de l'esprit bourgeois. - Il a peur aussi de l'imagination, peur du sentiment. Il se vante d'être pratique; c'est un utilitaire. Aussi n'a-t-il qu'un goût médiocre pour les arts, la poésie; la littérature. A cet égard, il a fait, au cours des temps; des écoles qui l'ont en partie corrigé. Sous Louis-Philippe, la bourgeoisie réagit obstinément contre « l'adjonction des capacités » au corps électoral : ce fut le commencement de la Révolution de 48. Plus tard, elle s'aperçut que presque tout le monde des artistes et une partie du monde littéraire était en dehors d'elle et qu'elle les ignorait honteusement ; alors les arts et les lettres devinrent à la mode. Autrement; une autre élite se formait en dehors d'elle, et c'était évidemment la meilleure.

Nous ne trouvons donc pas dans la supériorité de l'intelligence et de la culture, l'explication suffisante de la démarcation des classes. C'est que, comme les revenus, les professions *rangent,* mais .ne *classent* pas. Elles rangent à une infinité de niveaux différents : Dans une administration publique, dans une grande entreprise privée, agricole, industrielle ou commerciale, dans une catégorie économique, telle que le bâtiment, le vêtement, l'alimentation, le travail n'est pas seulement spécialisé, il est plus ou moins hiérarchisé.

Dans ces diverses hiérarchies, ,on peut presque sans hésitation tracer la démarcation entre les professions bourgeoises et les métiers populaires. En général, la profession range d'autant plus haut que le travail est plus intelligent, plus indépendant et de plus de portée, et aussi qu'il rapporte davantage. Il y a une limite au-

---

1 « Ceci est excellent en théorie, mais très mauvais en pratique », comme si l'échec dans l'application n'était pas la preuve d'une erreur dans la théorie. Voilà une sottise courante qui a beaucoup nui au développement de notre industrie.

III. Classes et professions

dessus de laquelle la profession est libérale et bourgeoise, tandis qu'au-dessous elle est populaire. L'échelle sociale des professions et l'échelle sociale des fortunes ne classent ni l'une ni l'autre parce qu'elles sont continues l'une et l'autre. Mais cette échelle est coupée en deux par la démarcation des classes. Au-dessus de cette démarcation, on admet une sorte d'équivalence entre les professions les plus disparates, et une égalité ou communauté de classe là où il y a inégalité de rang. C'est le niveau. On conçoit sans peine que l'ingénieur se juge supérieur au cantonnier, le conseiller à la Cour à l'huissier porteur de contraintes. Mais pourquoi l'ingénieur est-il supérieur à l'huissier, dont il n'est pas le supérieur et auquel il ne donne pas d'ordres, de même le conseiller au cantonnier? Et pourquoi l'ingénieur et le conseiller sont-ils de la même classe bourgeoise, l'huissier et le cantonnier de la même classe populaire ? Pourquoi enfin, dans les professions publiques et privées, l'inéga-lité des rangs, si clairement indiquée par les hiérarchies, n'entraîne-t-elle pas l'inégalité de classes ? Professionnellement inégales, pourquoi les personnes sont-elles socialement égales ?

Dans l'échelle continue des professions, comme dans l'échelle continue des revenus, la démarcation des classes ne paraît pouvoir intervenir qu'en vertu d'une seule cause, à laquelle sont subordonnées toutes les autres : professions libérales et métiers serviles, travail de l'esprit et travail du corps, éducation scientifique et apprentissage manuel, initiative et exécution, commandement et obéissance, etc. Cette cause, c'est le fait matériel et saisissable que la préparation aux professions libérales dure jusque vers l'âge de 25 ans. Le bourgeois commence à gagner sa vie dix ans plus tard que l'homme du peuple. Aussi faut-il que sa famille puisse faire des avances. À 25 ans, le jeune bourgeois est un *capital humain* qui n'a pas encore produit d'intérêts; c'est en ce sens que le bourgeois peut être appelé un « capitaliste ». Ces avances sont considérables ; elles dépassent beaucoup les frais d'études proprement dits. Les bourses apportent une aide très efficace à la bourgeoisie pauvre et favo-risent l'accession à la bourgeoisie de quelques enfants bien doués des classes populaires : les éléments ainsi conservés ou acquis par les classes supérieures sont généralement les meilleurs. Mais les bourses ne suffisent jamais. Aussi sont-elles très peu recherchées par la classe populaire, pour qui elles sont à peu près inutilisables.

Edmond Goblot

Car si les études prolongées sont nécessaires, elles sont loin d'être suffisantes pour faire franchir la barrière des classes, ne fût-ce que pour cette raison que, sauf de rares exceptions, on ne la franchit pas seul. La solidarité familiale est ici très puissante.

Il ne suffit pas, en effet, que le parvenu possède l'intelligence, le savoir, les aptitudes et les vertus nécessaires à sa profession. Il faut encore qu'en dehors de sa profession il puisse et sache vivre dans le milieu social qui y correspond, et non seulement lui, mais aussi les siens. Sous le second Empire, qui fut, bien plus que le règne de Louis-Philippe, l'apogée de la bourgeoisie, il était tenu grand compte, pour l'avancement des fonctionnaires, de la manière dont ils savaient recevoir, se comporter dans un salon, eux et leurs femmes; et leurs proches, et les proches de leurs femmes. Les ministères étaient renseignés sur tout cela par les notes hiérarchiques. Le lieutenant qui à table « coupait son pain » ne pouvait accéder aux grades supérieurs. L'administration républicaine s'occupe moins de ces détails de la vie privée, mais la classe bourgeoise se défend contre les intrus, leur oppose une barrière subtilement compliquée, constamment entretenue et réparée, afin que tous ceux qui l'ont franchie se trouvent sur le même niveau.

En principe, les professions libérales sont celles qui supposent des qualités d'intelligence, de savoir, de culture, de caractère, d'autorité, en un mot de *mérite personnel*. A ce titre, il est impossible qu'elles forment une classe. La bourgeoisie se les réserve en associant ces qualités intellectuelles et morales aux caractères superficiels qui la constituent et la distinguent : ses manières de juger, de sentir et d'agir, en un mot ses mœurs s'expliquent parce qu'elles ont pour fin d'entretenir l'opinion que le mérite personnel se trouve naturellement au dedans d'elle et ne peut que rarement se rencontrer en dehors d'elle.

IV. La mode

Ce qui distingue le bourgeois, c'est la. « distinction » :

Naturellement, la meilleure distinction, la plus: sûre et la plus claire, c'est la séparation matérielle. L'esprit de la bourgeoisie est, en effet, d'éviter autant que possible la promiscuité, même le voisinage trop proche, de tenir les classes populaires à distance, de ne se laisser ni envahir, ni confondre, d'avoir des restaurants et des hôtels, des coupés de diligence et des wagons de chemin de fer où elles n'aient point accès, des réunions de plaisir où la société ne soit pas « mêlée ». Se croyant supérieure, elle se donne et tâche de se réserver une éducation propre à maintenir au moins les apparences de cette supériorité, et elle tient à ce que les maisons où se donne l'éducation bourgeoise ne soient pas ouvertes à tous.

Mais la séparation complète est impossible. En réalité, les seuils que tout le monde ne franchit pas ne servent guère qu'à protéger et préserver cet ensemble de qualités personnelles qu'on appelle la « distinction », et qui permettent de se mêler sans se confondre.

Avant l'avènement de la bourgeoisie moderne, on connaissait le mérite, la valeur, les talents, la grâce ; on ignorait la distinction [1]. Quand on parlait de la beauté du costume, du mobilier, du style littéraire même, on disait « l'ornement » et celle des manières s'appelait « le bel air » . Au XVIIIe siècle; on a dit d'abord « les grâces », puis « la grâce ». Aucun mot, ne caractérise mieux cette société si polie, qui l'aimait par dessus tout, la recherchait en toutes choses et la rencontrait presque toujours, car elle en avait le don aussi bien que. le goût [2]. N'ayant pour but que de plaire, la grâce n'était réservée ni aux grands ni aux riches. Un costume, un meuble pouvait être très simple, mais devait avoir de la grâce. A la ville comme à la cour, la, vie mondaine avait mis en usage d'apprendre aux enfants sous la direction de maîtres spéciaux, en même temps que l'art de danser, la grâce du *maintien*. Mais on voyait là des qualités et des agréments personnels, non des démarcations sociales.

Ce n'est pas pour être belle, c'est pour n'être pas confondue que la bourgeoisie moderne s'applique à être distinguée dans sa tenue, ses manières, son langage, les objets dont elle s'entoure. L'opposé de distingué est « commun » : est commun ce. qui ne distingue pas,

---

1 Littré : « ce qui, dans la tenue, a un caractère d'élégance, de noblesse, de bon ton... *Ce sens parait récent, car on ne le trouve* pas *dans les auteurs anciens.*»

2 Dans une conversation où le XVIIIᵉ siècle était assez malmené, une femme d'esprit impatientée, s'écria : « Vous ne savez pas ce que c'est que le XVIIIe siècle : c'est une époque où un pot de chambre était une jolie chose ! »

Edmond Goblot

vulgaire ce qui distingue en mal et trahit une infériorité.

La distinction n'est ni la beauté; ni l'élégance, ni le luxe. Il faut qu'elle s'y ajoute; elle peut les remplacer. Elle doit être apparente ; peu importe qu'elle soit superficielle. Elle consiste souvent en des nuances, des minuties, des riens. Il faut qu'elle soit délicate, subtile même, pour être difficile à imiter. L'éducation bourgeoise s'applique à développer, à affiner ce tact qui permet de la discerner sans hésitation et sans effort. Elle y apporte plus de soin qu'aux qualités de fond : mérite, savoir, talents, vertus. Elle y réussit même avec les natures médiocrement douées : un ignorant, un esprit borné, un méchant, un vicieux peuvent être tolérés dans le monde bourgeois s'ils sont « bien élevés » ; il y a des sots bien élevés, des coquins bien élevés. On a beau être savant, honnête et bon, on y est déplacé si l'on manque d'éducation, « d'usage ».

La distinction concerne tout ce qui est perceptible du dehors dans la personne et dans son entourage. Bornons nous à la considérer dans le costume. Pour cela, il est nécessaire de commencer par quelques considérations très générales sur les fonctions du costume dans l'humanité.

Pourquoi s'habille-t-on?

Le vêtement humain a des fonctions diverses.

Hygiénique, il nous défend contre la rigueur des saisons, remplaçant chez l'homme le pelage et le plumage dont la nature a pourvu les autres animaux.

Pudique, il se rattache à l'institution du mariage : c'est une précaution de la jalousie contre des désirs illicites.

Esthétique, il fait valoir la beauté ou bien il est lui-même une beauté; il sert aussi à voiler ou à corriger la laideur.

Distinctif, il est le signe extérieur, aisément saisissable, des fonctions, des rangs et des classes. il efface des inégalités individuelles; il crée ou consacre et manifeste des égalités et des inégalités sociales.

De ces quatre fonctions, la première est peut-être la plus utile, mais elle fut toujours et est encore aujourd'hui traitée comme la moins importante et subordonnée aux trois autres, même chez les civilisés. C'est, en tout cas, la dernière en date. L'homme ne

IV. La mode

s'est pas vêtu pour avoir chaud; tardivement, il a utilisé pour se préserver du froid de l'hiver et aussi des ardeurs de l'été des accessoires qu'il avait d'abord ajoutés à sa personne pour de tout autres fins. Bien avant de s'envelopper d'une robe et d'un manteau, il s'est orné de colliers, de bracelets et de bagues; il s'est logé des pierres; des métaux, des coquilles; des os, des bois précieux dans le lobe de l'oreille, la cloison du nez, la lèvre. Il s'est peint la peau : le tatouage n'est pas un vêtement chaud. Les peaux d'animaux furent l'exhibition des dépouilles qu'un habile chasseur était fier de montrer, avant que l'arrivée de la période glacière en fit une nécessité. Les étoffes elles-mêmes furent des engins de pêche et de chasse, puis des insignes et des trophées, plus tard seulement des défenses contre les intempéries.

L'évolution sociologique présente ici, comme il arrive souvent, une grande analogie avec l'évolution biologique : la fonction principale actuelle pour laquelle un organe semble fait en a été, à l'origine, une propriété accessoire et accidentelle. Là vessie natatoire du poisson est un organe de locomotion : elle a pour fonction, c'est à dire pour fin, de donner à l'ensemble du corps de l'animal une densité moyenne peu différente de celle de l'eau. Mais l'hématose se fait à travers cette membrane. Bien que l'animal gonfle sa vessie avec de l'air, on n'y trouve généralement que de l'azote. Elle permet à certains poissons, de séjourner assez longtemps hors de l'eau.

L'accroissement de sa surface en a fait un poumon ; ainsi des animaux aquatiques se sont transformés en animaux aériens. Les vertébrés à respiration pulmonaire ont encore à un stade de la vie fœtale, d'inutiles fentes branchiales. - Pareillement, l'homme a éprouvé le besoin de revêtir ses ornements et ses insignes quand il avait froid, de s'en dépouiller quand il avait chaud : la défense contre les intempéries fut une fonction adventice du costume avant d'en devenir une fonction essentielle [1].

La fonction pudique du vêtement est presque universelle et sans doute fort ancienne. Chez beaucoup de peuplades de la zone tropicale, sauf les accessoires décoratifs ou distinctifs, anneaux, colliers, tatouages, insignes, le costume se réduit à une pièce d'étoffe

---

1 d'après l'étymologie, les mots *costume* (coutume), *habit* (habitus, manière permanente ou coutumière de se présenter aux yeux de ses semblables), *tenue* et *mode* se rapportent aux fonctions sociales, non à l'utilité individuelle du vêtement.

Edmond Goblot

qui voile les parties sexuelles. La *Genèse* explique ainsi l'invention du costume : Dans l'état de primitive innocence, il n'avait aucune utilité. Après la faute, Adam et Ève s'aperçoivent qu'ils sont nus et en rougissent ; ils entrelacent des feuilles de figuier pour se couvrir. A l'époque où cette légende fut imaginée, on n'attribuait donc au costume d'autre fonction que de voiler la nudité; peut-être se réduisait il alors à un simple pagne ; usage important chez un peuple qui s'était donné cette loi : non seulement tu ne prendras pas, mais tu ne convoiteras pas la femme de ton prochain, et avait édicté des peines sévères contre l'adultère.

Mais le costume a aussi et a sans doute toujours eu une fonction tout opposée : il est un moyen puissant de séduction. Il fut sans doute dès l'origine une parure : on s'habilla pour s'embellir bien avant de s'habiller pour se couvrir. Les peuples sauvages qui ne savent pas tisser ou qui tissent mal, qui ne fabriquent encore que des ornements grossiers, se montrèrent d'abord avides des parures que les Européens leur apportèrent ; c'est avec des cotonnades et des verroteries qu'on fit commerce avec eux. Le besoin de paraître, d'exciter l'admiration, l'envie, la crainte ou le respect, de se grandir dans le jugement d'autrui est un trait fondamental de la nature humaine. Il faut beaucoup de culture et de réflexion pour préférer ce que l'on est et ce que l'on vaut par soi-même à la valeur qu'on croit se donner aux yeux des autres par un ornement adventice.

Le costume est aussi indicateur d'une autorité, d'une profession, d'un rang, d'une caste, d'une classe. La fonction esthétique et la fonction distinctive sont souvent confondues : l'insigne d'une supériorité est d'ordinaire décoratif; la beauté d'un ornement peut être tout entière dans la supériorité qu'il signifie : tant de choses sont belles par ce qu'elles suggèrent et non par ce qu'elles sont ! Il semble cependant que le désir de se distinguer soit plus puissant, ait des racines plus profondes dans la nature humaine et surtout soit plus développé par la vie sociale que le désir de s'embellir. C'est probablement dans la fonction distinctive du costume qu'il faut en chercher la primitive origine : le premier vêtement fut quelque marque à laquelle on reconnaissait le chef et le prêtre, marque qui leur était réservée par un tabou et qui, par là même, les faisait respecter ou craindre. C'est encore cette fonction distinctive du costume qui prédomine dans les sociétés les plus avancées; c'est

IV. La mode

celle qui explique le mieux les lois de son évolution, c'est-à-dire de la mode. Nous nous habillons surtout pour faire savoir qui nous sommes

L'un des caractères les plus frappants du phénomène de la mode est sa domination. Nous ne sommas pas du tout libres de nous habiller comme il nous plait. Cette contrainte que le milieu social exerce sur l'individu, sans aucune intervention d'autorité coercitive, cette nécessité de se soumettre au jugement d'autrui, par laquelle Durkheim explique l'obligation morale, cette *Opinione regina del mondo,* sujet d'un livre auquel Pascal souscrivait sans l'avoir lu, d'après le titre seul, règle les détails les plus minutieux de notre vêtement avec une exigence plus tyrannique qu'elle ne règle les actions de notre vie. C'est que nous ne pouvons-nous montrer sans être jugés d'après nos apparences, tandis que, relativement à nos actes, le jugement d'autrui ne se produit et surtout ne se manifeste à nous que par intervalles. Le jugement de mode est impérieux parce qu'il est perpétuel; le jugement de moralité l'est moins parce qu'il est intermittent. Combien de femmes seraient plus honteuses de porter un chapeau à la mode de l'an passé que d'être convaincues de mensonge ! Un homme s'aperçoit-il qu'il a oublié sa cravate, le voilà couvert de confusion; il est de toute nécessité qu'il en achète une dans le magasin le plus proche ou qu'il rentre chez lui. Le ridicule est plus difficile à affronter que le mépris; la mode est plus exigeante que l'honneur ; la futilité de ses exigences n'ôte rien à la nécessité de les subir.

Un second caractère de la mode est son uniformité : chacun doit se rendre semblable aux autres. Il faut « faire comme tout le monde »; il ne faut pas « se faire remarquer » . Car se faire remarquer, ne pas faire comme tout le monde, c'est s'exclure du milieu social auquel on appartient. Être « un original », c'est être un isoléé Ce que la société en général et chacune des sociétés restreintes qui la composent, pardonne le moins, c'est tout acte par lequel un de ses membres se sépare d'elle.

La mode laisse pourtant une certaine marge à l'imagination individuelle, à cause de sa fonction esthétique. Tout ce qui a ou prétend avoir une valeur esthétique doit présenter ces deux caractères de toute beauté : la convenance et l'invention. Chacun, chacune assortit à sa nature personnelle les formes et couleurs que

Edmond Goblot

la mode prescrit: Chacun, - chacune surtout - la varie à son gré, dans les limites qu'elle impose. Il ne faut pas être *un original,* il faut pourtant être original. Il ne faut pas « se faire remarquer », il ne faut pourtant pas être « commun » , encore moins « vulgaire ». L'élégance est une finalité subtile, une harmonie entre le costume et la personne qui le porte; elle est aussi une ingénieuse innovation, une trouvaille, une manifestation de la liberté. « Je veux; disait une dame, avoir une robe à la mode, mais je veux aussi que ce soit ma robe. - Qu'appelez-vous votre robe? - C'est une robe qui m'aille bien et qui n'aille bien qu'à moi; une robe qui témoigne que je ne copie personne - Elle sera comme toutes les autres et pourtant elle ne sera comme aucune autre. – Précisément ! » L'adaptation individuelle doit se tenir entre les limites de la mode commune et il y aurait une sorte de scandale à ce que l'invention allât jusqu'à l'excentricité. La limite de l'adaptation et de l'invention est franchie quand le costume n'indique plus suffisamment le milieu social auquel on appartient.

Cette nécessité de l'invention, imposée par la fonction esthétique du costume, est la première raison de la variabilité de la mode. Quand toutes les possibilités qu'elle comporte sont épuisées, il faut qu'elle change. Elle passe souvent d'une extrême à l'autre. Descartes dit à propos des « modes de nos habits » que « la même chose qui nous a plu il y a dix ans et nous plaira peut-être encore avant dix ans, nous parait aujourd'hui extravagante et ridicule. » C'est qu'en effet la mode finissante en était arrivée à ne plus pouvoir inventer sans tomber dans l'extravagance et le ridicule. La même loi régit l'évolution de tous les beaux-arts. Un « style » plaît tant qu'il est capable de se renouveler et déplaît quand il s'épuise. Alors surgit un style nouveau dont le principe est souvent tout opposé. Dès qu'on s'est mis à juger d'après cette nouvelle norme de beauté, le style périmé devient insupportable.

Ainsi la mode, envisagée par son côté esthétique, exige l'invention et ne souffre ni la copie ni l'imitation servile. Mais en tant que forme de solidarité sociale, elle impose l'uniformité.

La conservation d'une classe ouverte et non officiellement reconnue, comme notre bourgeoisie, donne à la mode des caractères nouveaux. Le costume a pour elle une importance considérable.

IV. La mode

Une caste fermée n'est pas constituée par les signes visibles qui la font reconnaître. Ce n'est pas l'habit qui fait le moine, ni l'épée le noble, ni la robe le magistrat, ni l'uniforme le militaire. La consécration, la naissance, les diplômes, les grades et la conscription décident des états : il y a une réalité derrière les signes. Le bourgeois n'a été ni investi comme tel, ni consacré, ni diplômé [1], ni reconnu officiellement ou officieusement d'aucune manière, et la naissance est sans valeur pour lui, puisque la classe est ouverte. Le costume bourgeois est donc plus qu'un signe : il est un caractère constitutif. C'est l'apparence qui fait ici presque toute la réalité. Aussi sa fonction distinctive dépasse-t-elle de beaucoup en importance sa fonction esthétique.

La fonction distinctive de la mode y introduit une nouvelle cause de mutabilité. Une bourgeoise ne peut s'habiller ni à la mode d'hier ni à celle de demain. La *nouveauté* ne peut être un caractère de classe dès le moment de son apparition; l'adopter trop tôt, c'est se singulariser, se faire remarquer, se placer en dehors de sa classe. Aussi n'est-ce pas la bourgeoisie qui lance les modes. Ce sont des personnes qui ne craignent pas de se faire remarquer, au contraire ! La bourgeoisie les adopte aussitôt qu'elles n'étonnent plus. Elle y met d'abord de la discrétion, elle atténue, assagit. Bientôt la nouveauté est devenue mode : elle est alors *distinguée*, elle n'est plus *excentrique*. Mais cela ne peut durer : une fois qu'elle s'est étendue à toute la classe, elle ne tarde guère à la dépasser ; elle est imitée en dehors d'elle, et dès lors elle ne distingue plus. L'imitation est d'abord imparfaite : une bonne cherche à s'habiller comme une dame, mais des détails la trahissent, qu'elle n'a pas su remarquer ou qu'elle a cru pouvoir négliger; et c'est justement parce qu'elle s'habille comme une dame qu'on voit très bien qu'elle est une bonne. Quand la bonne a réussi à trop bien copier la robe de la dame, quand la petite couturière a appris à imiter la grande, ce qui était distingué est devenu commun et ne tardera pas à devenir vulgaire : il est nécessaire de le changer. La mode ne peut être signe de classe que pendant le temps très court où elle n'est ni . trop nouvelle ni trop ancienne; il faut donc qu'elle évolue sans cesse. Elle est d'abord une *barrière*, mais une barrière mouvante : tant de gens la franchissent, élargissant l'enceinte en y pénétrant,

1 Voir ch. VI

Edmond Goblot

que la démarcation ne se trouve bientôt plus où il faudrait. Une autre barrière la remplace.

Mais la mode est aussi un *niveau*.

On la change dès qu'on ne peut plus se la réserver, mais aussi on ne l'adopte que quand on peut la généraliser. Car s'il importe à sa fonction distinctive qu'elle ne s'étende pas au-delà de la classe, il importe aussi qu'elle ne distingue pas des personnes, mais la classe tout entière. Si elle n'avait qu'une valeur esthétique, si elle n'exprimait que les degrés du goût, elle offrirait une gradation au lieu d'une démarcation. Le goût, qui est personnel, est bien différent de la mode, qui est fait social. Une classe se défend contre le mérite personnel, qui la dissout, aussi bien que contre la vulgarisation, qui la confond. La mode est donc obligée de concilier des caractères contradictoires : elle doit être assez facile à imiter pour devenir uniforme, assez difficile à imiter pour rester distinctive.

Aussi l'invention personnelle n'y est-elle permise que dans des limites qu'elle prescrit. Quand la mode est purement affaire d'esthétique et de goût, elle est exactement au costume ce que *le style* est à l'art. Tandis que l'artiste accepte librement et volontiers les principes d'un style tant qu'ils lui offrent des moyens de réalisation et d'expression, la mode bourgeoise impose despotiquement son uniformité pour des raisons qui n'ont rien à voir avec l'esthétique. Il est toujours permis à l'artiste de s'affranchir des traditions et des écoles : la beauté de son œuvre absout entièrement toute hardiesse, justifie toute indiscipline; tout au plus son indépendance lui fait elle courir le risque de n'être pas tout de suite compris. Mais il n'est jamais permis, sauf à l'occasion de quelque mascarade, et jamais en public, d'exhiber le plus beau et le plus seyant des costumes s'il est contraire aux exigences de la mode du jour. C'est pourquoi les modes de la bourgeoisie moderne, celles du costume masculin surtout, sont beaucoup moins belles, du moins d'une somptuosité beaucoup moins éclatante, que celles de l'aristocratie et de la bourgeoisie de l'ancien régime. Leur valeur esthétique est subordonnée et sacrifiée à leur signification distinctive [1].

---

1 Voy. Simmel, Psychologie de la Mode - M. Bouglé, dans les *Idées égalitaires* (1899) p. 162, voit dans la mode un agent propre à développer les idées égalitaires et conteste son rôle de différenciation: « la multiplicité et la variabilité des modes neutralisent ces conséquences. » A voir les gens porter successivement des costumes

Un autre trait de la mode bourgeoise est le contraste entre l'austérité sombre du costume masculin et les élégances et l'éclat de la toilette féminine. Il y a là un véritable *dimorphisme* sexuel, dont l'explication est assez embarrassante.

De la Renaissance à la Révolution, le vêtement de l'homme fut aussi brillant, aussi somptueux, aussi gracieux que celui des dames. Le bourgeois moderne ne porte plus que du noir ou du bleu presque noir ; s'il se permet une couleur claire, il faut que ce soit le gris ; encore le gris est il moins « habillé » que le noir. Tout au plus reste-t-il un peu de fantaisie, - oh ! discrète, circonspecte et risquée à bon escient ; - dans la cravate, à peine visible dans l'étroite ouverture du gilet. L'étoffe est uniformément le drap uni. Les tissus façonnés sont maintenant acceptés, pourvu qu'ils fassent à trois pas l'impression de l'uni. L'incommodité de la redingote, boutonnée et croisée, a fini par faire tolérer, vers 1845, - mais après quelles controverses ! - le *paletot,* sorte de compromis, entre la redingote et l'habit ; plus tard la jaquette, plus tard encore le veston, qui est la jaquette débarrassée de l'encombrement des basques. Mais n'est ce point une marque que la bourgeoisie penche vers son déclin ?

Le vêtement du bourgeois est taillé de manière à s'appliquer de toutes parts sur le corps ; en aucun endroit il n'est drapé. Les plis inévitables que forme la flexion des membres sont réduits au strict minimum. Ils ne doivent jamais marquer : un vêtement est hors d'usage quand un coup de fer ne les efface plus. Nos tailleurs se sont ingéniés à corriger l'erreur de la nature qui a permis à l'homme de fléchir les genoux et les coudes. Après beaucoup de tâtonnements, ils ont réussi à supprimer tous les plis quand l'homme est debout, le corps droit, les pieds joints et les bras tombants, dans la position du soldat sans armes ; toute l'évolution de la mode masculine depuis soixante-quinze ans et plus semble n'avoir eu d'autre but que d'en arriver là. De son côté, l'homme bien mis collabore avec son

---

si différents on se déshabitue de les juger sur l'étiquette qu'ils prennent. Mais la variation consiste, justement en ce qu'ils sont constamment différenciés et la mode change surtout pour qu'ils restent différenciés. Quant à la a « multiplicité », elle consisterait en ce que chacun est libre, à la même époque, de choisir entre plusieurs modes différentes. Il y a, en effet, plusieurs modes simultanées, laissant à chacun une certaine liberté de choix. Ainsi je puis, selon mon goût, porter un chapeau melon ou un feutre souple, mais il faut que l'un ou l'autre soit à la mode de la présente année.

Edmond Goblot

tailleur. Il a le geste court; il évite les mouvements amples, rapides ou violents ; il sait marcher, s'asseoir, se lever, manger, parler en dérangeant le moins possible l'ordonnance de son vêtement; il imite les mannequins de bois à tête de cire qui servent à exhiber l'idéal du costume parfait. Seul le linge peut être souple, parce qu'il est caché. Aux endroits où il se voit, l'empois lui donne la raideur de la tôle, il prend des formes géométriques et on le passe au bleu, de peur que le blanc naturel n'en soit pas assez froid. Le bourgeois semble s'étudier à n'avoir pas l'air d'un homme de chair et à se changer en une marionnette de bois.

Lorsque les sports sont venus à la mode, ils ont exigé des costumes spéciaux, moins inhumains; mais on ne les montre pas en dehors des exercices auxquels ils sont destinés. On a pu croire, beaucoup ont espéré, au moment où l'usage de la bicyclette se généralisa, qu'elle transformerait enfin l'incommode, difforme, ridicule et sempiternel pantalon. Mais non. Le pantalon a la vie dure. Le costume cycliste était trop commode et trop joli pour être toléré sans la bicyclette qui l'explique et, dans une certaine mesure, l'excuse, de même que le costume de tennis est inadmissible sans une raquette à la main.

Pas d'ornements, cela va de soi : ni rubans, ni broderies, ni bijoux, ni plume au chapeau. Un bijou doit avoir un prétexte, être autre chose qu'un pur ornement : une bague est un souvenir de famille, une chaîne de montre est une sûreté. Un homme ne doit pas être paré; la seule pensée de s'embellir est chez lui une inélégance, presque une vulgarité. Le bourgeois moderne affecte dans son costume une austérité, un ascétisme, un quasi jansénisme qui ne répond pourtant à aucune doctrine morale, à aucun mépris des jouissances de la vie, à aucun renoncement aux vanités du monde.

Il y a cependant une élégance masculine, plus subtile encore et plus étudiée que celle des femmes: Elle s'appelle *correction*. On dit d'un homme bien mis qu'il est *très correct;* il semble qu'on ne puisse rien affirmer de plus admiratif relativement à son apparence extérieure.

C'est que le costume masculin a complètement perdu, dans la bourgeoisie moderne, sa fonction décorative, tant sa fonction distinctive a pris d'importance. L'homme n'a pas besoin d'être

IV. La mode

beau; il ne doit pas l'être; mais il doit être distingué. Or, c'est une manière de distinction pour un bourgeois que de dédaigner la beauté des apparences ; d'où il résulte que la distinction le conduit à une laideur obligatoire, volontaire et recherchée.

Beaucoup de femmes ne sont pas de cet avis et trouvent que ce raffinement de raideur et de sécheresse satisfait les exigences de leur sentiment esthétique. - Etes-vous bien sûre, Madame, de faire la différence entre vos jugements de goût et vos jugements de classe? Vous êtes assurément. très sensible à l'élégance des formes, à l'harmonie des couleurs, à la justesse des proportions ; votre toilette témoigne de la sûreté de votre goût. Mais comme cette sûreté de goût est précisément ce par quoi vous êtes distinguées, vous autres femmes, en voyant un homme distingué, vous en inférez instinctivement qu'il est mis avec goût. En quoi vous faites sans vous en douter un jugement de classe. Cet homme « très correct » vous plaît parce qu'il est, non pas aussi élégant, mais aussi parfaitement bourgeois que vous pouvez le souhaiter. Demandez, s'il vous plaît, ce qu'ils en pensent à un peintre qui entreprend un portrait d'homme, mieux encore, à un sculpteur chargé d'ériger la statue en pied d'un homme célèbre. Le peintre s'en tirera encore : il concentrera toute l'attention sur la tête, perdra le noir du costume dans le noir du fond, ou, plaçant son modèle dans son milieu, trouvera des harmonies entre la sombre redingote et les meubles et tentures qui l'entourent: Mais le sculpteur obligé de sculpter un pantalon, un gilet, une jaquette, un faux-col, des manchettes et de dresser tout cela en l'air, assume une tâche impossible et dont aucun artiste n'a encore triomphé : faire de la beauté avec de la laideur. Plus la tenue sera irréprochable aux yeux du tailleur, plus elle sera laide aux yeux de l'artiste et aussi du public. Le sculpteur et le tailleur cherchent des perfections différentes et incompatibles; l'un celle de la beauté et de la vie, l'autre celle de la correction et de la rigidité distinguées. - Et quand, au théâtre; une pièce à sujet moderne succède à une pièce à sujet ancien, si vous considérez l'aspect des costumes d'hommes en faisant abstraction de tout le reste, quelle chute ! Là, les acteurs, en habits d'autrefois, ressuscitaient un monde qui est mort et qui reprenait à vos yeux la beauté de la vie; ici, sans changer leurs vêtements ordinaires; ils vous montrent un monde qui vit encore, et il paraît lugubre et

Edmond Goblot

empaillé.

On peut préciser l'époque où l'élégance disparaît du costume masculin pour faire place à la sèche et raide correction. Depuis la Renaissance jusqu'en 1835, l'homme recherche autant que la femme la beauté des lignes et l'éclat des couleurs, se pare de rubans, de broderies, de dentelles, de bijoux, sinon pour travailler dans un bureau ou vaquer à ses affaires, du moins pour paraître en la compagnie des dames, au théâtre, dans les salons, à la promenade. C'est exactement en 1835 que les journaux de modes protestent contre l'inconvenance de paraître au bal en habit noir, c'est à dire « en vêtements de travail » [1] - « Ce que je reproche à cette belle jeunesse du bal, écrit, sous le titre de « Vœux révolutionnaires »un quotidien que le *Journal des Dames* cite avec éloges [2], c'est de conserver son horrible habit noir... Aller au bal en habit noir, en chapeau de feutre, en gilet de velours comme on va à l'enterrement! » On peut bien faire aux dames la politesse de s'habiller pour se présenter devant elles. Le journal qui fait autorité essaie d'imposer sa loi : « L'habit noir est proscrit, le bleu et le vert sont adoptés » [3]. Pas pour longtemps. Les regrets n'y font rien ; les mondains, les *fashionables* ont beau protester, il faut subir la, mode et se contenter de l'enregistrer tristement : « On ne porte, à vrai dire, écrit-il en 1837, que des couleurs sombres, soit au bal, soit en soirée ou à la promenade; ce sont les seules nuances adoptées, et le noir l'emporte encore sur toute autre couleur. Un habit de drap noir entièrement doublé de soie et à boutons de soie; un pantalon collant en casimir noir, un gilet de satin broché noir sur noir, voilà le costume de soirée le plus distingué» [4]. Les « fashionables » les « dandys », plus tard les « lions » auront beau faire ; ils sont élégants, ils ne sont pas distingués. Il est distingué de ne pas être élégant [5]. Les chroniqueurs des modes

---

1 Journal des Dames et de la Mode, 15 janvier 1835

2 10 mars 1835

3 15 janvier 1835

4 15 janvier 1837

5 Humann, le tailleur à la mode, essaie vainement de réagir. « On parle (et M. Human semble décidé à franchir ce grand pas pour l'hiver prochain) de faire des habits de velours de couleur, qui seront brodés en or sur les poches, le collet, les basques, la poitrine et la taille. Si M. Humann parvient à nous ramener cette

IV. La mode

gémissent de n'avoir plus rien d'intéressant à dire des costumes masculins : « Le plus ou moins de largeur dans les pantalons, le plus ou moins d'exiguïté des pans d'un habit ou de la jupe d'une redingote, voilà les seuls objets sur lesquels peut s'exercer l'habileté des tailleurs » [1]. « On est arrivé à une époque bien difficile à exploiter surtout pour les modes d'hommes; car, à bien dire, ils ne *s'habillent* plus. » Alors que les journaux de modes, au début du règne de Louis-Philippe, consacraient autant de lignes et autant de gravures à la toilette des hommes qu'à celle des femmes; ils se lamentent six à huit ans plus tard de n'avoir à s'occuper de la première qu'au commencement de chaque saison, et ils finiront par ne plus parler des modes masculines. La *Mode Illustrée,* qui est le plus important de ces journaux sous l'Empire et dix ou quinze ans après, se consacre exclusivement aux modes féminines; les journaux de modes masculines n'ont plus d'autres abonnés que les tailleurs.

Cela ne veut pas dire que le bourgeois néglige sa tenue. Bien loin de là. Mais le soin qu'il y apporte a pour but la distinction et non l'élégance. Il n'ignore point l'importance du costume; il sait que pour paraître distingué il faut être bien habillé, mais il ne veut pas avoir l'air d'être distingué parce qu'il est bien habillé. Le costume est censé n'être pour rien dans l'impression favorable qu'il produit. Médecin, magistrat, avocat, fonctionnaire, ingénieur, chef d'entreprise, chef de famille; l'homme qui exerce une profession libérale prend des décisions, donne des ordres, dispose de grands intérêts, porte de lourdes responsabilités. Ses distractions mêmes

mode des habits brodés, si gracieuse et si élégante, on lui devra une des plus jolies innovations de l'époque » (15 février 1837). On ne vit pas d'habits brodés d'or en 1838. Cependant la chasse et l'équitation fournirent aux élégants les derniers prétextes à s'embellir. Une gravure du *Journal des Dames* du 5 avril 1838 représente un splendide « costume de chasseur » avec broderies d'or, de chez Merly et Aubert, 13, r. Vivienne. Avec ses souliers vernis, son pantalon collant, à sous-pieds, ses épaulettes, son minuscule sabre au côté, son collet droit, son chapeau à panache de plumes, on dirait plutôt un costume militaire ou un costumé de cour. Le chapeau, le collet, les épaulettes, le grand plastron à brandebourgs, les poches du pantalon, sans doute aussi les basques, tout est chamarré de broderies d'or. Ce costume d'apparat de 1838 a dû se conserver dans des cérémonies officielles, par exemple les chasses de la cour, car il est presque identique, à part sa couleur verte, aux uniformes dont le Second Empire affubla tous ses fonctionnaires et que portent encore aujourd'hui, avec moins de somptuosité, nos préfets.

1 *Journal des Dames*, 20 avril 1838

Edmond Goblot

sont intellectuelles. Le rentier, qui n'a qu'à jouir de la vie, est censé s'intéresser aux arts ; aux lettres, à la politique. Bref, la bourgeoisie veut être, et croit être, l'élite. Elle dédaigne donc toute supériorité qui serait uniquement ou surtout dans des avantages extérieurs à la personne, dans la richesse, et dans le luxe du costume, expression de la richesse. Ce sentiment se manifeste dans la tenue, non pas certes par de la négligence, mais par une sévérité sombre et raide, qui vise à la simple correction, s'interdit de la dépasser, et montre par une laideur étudiée qu'en effet elle ne la dépasse pas.

Cette sorte d'inquiétude à l'égard de toute beauté qui serait parure se manifeste dès l'avènement de la bourgeoisie. Les journaux de modes ne manquent pas de signaler les inventions les plus nouvelles et de recommander les plus jolies à ceux qu'on appelle successivement les « fashionables », puis les « dandys », puis les « lions », plus tard enfin les « petits crevés », mais en les avertissant que ce qui est élégant n'est pas toujours « bien porté », que ce qui est bien porté n'est pas toujours « accepté ». La fantaisie, l'éclat et la somptuosité, chassés des pièces extérieures du costume, restèrent longtemps permis pour le gilet, parce qu'à la ville la redingote boutonnée le cachait entièrement, tandis que l'habit de soirée le découvrait. On y employait les étoffes les plus belles et les plus variées, le damas, le brocard, le satin royal, le velours écossais; en 1835, on recommande des satins à broderies de velours : rosaces en velours vert émeraude mouchetées au cœur d'un point cerise, ou violettes à cœur bleu turquoise, se dessinant légères sur fond de satin. « Ces gilets, dit le *Journal des Dames,* quoique bien portés, ne sont pas généralement acceptés; ils sont très élégants, mais trop peut-être pour n'être pas remarqués » [1]. On déplore la disparition de la coquetterie masculine, mais on commence à trouver qu'elle frise le ridicule, et on l'avertit discrètement d'être prudente. Il pourrait se faire que le seul fait de chercher l'élégance dans la toilette fût, en lui-même, une inélégance.

Ainsi la mode masculine de la bourgeoisie est à la fois distinctive et égalitaire, *barrière* et *niveau.* Elle est barrière, car la correction exige plus de recherche et de raffinement que l'élégance. Il est difficile d'être bien mis quand on s'interdit tout ornement, de mettre une note personnelle dans un costume qui ne souffre aucune variété,

---

[1] 18 janvier 1835

d'être inimitable, en imitant fidèlement, par la seule perfection de la coupe et de l'ajustement. S'habiller devient un art subtil et savant. Le parvenu s'habille souvent mal, plus souvent encore trop bien. A moins d'y apporter beaucoup d'intelligence, de tact et d'observation, il ne remplace pas l'éducation que le plus médiocre et le plus maladroit fils de bourgeois a reçue dès l'enfance. - La mode masculine est aussi niveau : l'uniformité du costume efface les inégalités de fortune, d'intelligence et de moralité qui sont pour la classe bourgeoise le plus redoutable dissolvant.

La mode des dames a toujours conservé son éclat. C'est que, dans la famille bourgeoise, l'homme porte seul toutes les charges; sa situation sociale lui permet de ne pas faire travailler sa femme : c'est là un des plus importants caractères de la classe. Une dame administre sa maison, en se faisant servir par des domestiques. Dans la bourgeoisie plus ou moins besogneuse, obligée de se contenter d'une bonne à tout faire, elle entretient elle-même la lingerie, raccommode des chaussettes, au coin du foyer ; fait même bien d'autres besognes, quand on ne la voit pas; elle n'en fait d'ailleurs pas mystère. Mais si elle se montre tirant l'aiguille dans un salon, - le geste est joli et fait valoir des mains fines, des doigts délicats aux ongles soignés - c'est pour une inutile broderie, une tapisserie superflue, ou pour les pauvres. Elle passe six jours de la semaine à faire des visites et le septième à en recevoir. Cela suffit d'ailleurs amplement pour occuper une mondaine, jusqu'à la mettre sur les dents. Les eaux, les bains de mer; la campagne, pendant la saison d'été, sont nécessaires pour la remettre de tant de fatigues. L'homme affecte de n'être occupé que de ses affaires et de n'accorder au plaisir que de brèves heures de distraction et de trêve; la femme affecte d'être déchargée de toute affaire, sauf la surveillance de son intérieur, et de ne s'occuper que de ses plaisirs. L'homme montre son importance par le luxe de sa femme et de sa maison; la femme montre par la gravité respectable de son mari son rang dans la société. Le jeune homme travaille pour se *faire une situation* qui lui permette de faire vivre une famille ; la jeune fille cherche un homme qui la fasse vivre comme doit vivre une dame.

Il n'y a donc aucune raison pour que la bourgeoise ait l'apparence sérieuse et austère du bourgeois. Mais ici se retrouvent encore la

Edmond Goblot

barrière et le niveau. La toilette d'une bourgeoise reste toujours distinctive, puisqu'elle change dès qu'elle est imitée. Mais l'inégale somptuosité, en marquant une différence de richesse ne marque aucune différence de classe. Une toilette simple, mais distinguée figure honorablement à côté des plus riches ; les dames qui les portent se traitent en égales, se parlent avec les mêmes formules de politesse. L'une et l'autre s'adressent à une femme du peuple en termes qui, même bienveillants, même affectueux, indiquent la distance et la maintiennent. On invite poliment sa blanchisseuse à s'asseoir pendant que l'on compte le linge, mais ce n'est ni avec les mêmes mots et les mêmes gestes, ni sur le même siège qu'une dame dont on reçoit la visite.

V. L'éducation morale

C'est l'éducation qui donne aux enfants bourgeois les caractères de leur classe; la partie de l'éducation qui tend à en faire des bourgeois est plus soignée que celle qui tend à en faire des hommes. Les parents les plus maladroits, les plus négligents, les plus dépourvus d'autorité finissent tout de même presque toujours par donner cette éducation-là. Il y a beaucoup d'enfants mal élevés au sens large et profond du terme, c'est à dire que l'éducation n'a pas su mettre en valeur les ressources de leur nature. Devenus grands on les trouve tout de même à peu près « bien élevés » au sens restreint et superficiel qui est courant dans la société bourgeoise. Les enfants qui se sont déclassés par suite d'une mauvaise éducation, ceux qui, comme on dit, « ont mal tourné », sont en somme assez rares.

Laissant de côté et renvoyant au chapitre suivant l'instruction et les études, nous considèrerons d'abord l'éducation proprement dite, surtout l'éducation morale.

Tout ce qui distingue doit être :

1° extérieur et facilement reconnaissable;

2° artificiel et acquis; il n'y a pas de raison pour que la distinction naturelle ne se rencontre pas dans toutes les classes; elle ne peut donc en distinguer aucune ;

3° subtil, pour n'être pas facilement imité.

On doit donc s'attendre à ce que la morale bourgeoise soit *superficielle, conventionnelle* et *raffinée,* trois raisons pour que cette morale soit au fond très immorale. Mais, chemin faisant, nous rencontrerons d'autres raisons qui font qu'elle l'est beaucoup moins qu'on ne le croirait.

La politesse y tient naturellement une grande place: Il ne faudrait pas croire que la politesse fût le privilège de la classe bourgeoise. Ainsi nommée parce qu'elle est une qualité de surface, la politesse est de tous les temps et de toutes les classes, car elle est partout et toujours nécessaire. Elle adoucit les frottements de la vie sociale, lime les aspérités, émousse les angles, arrondit les contours, afin que les hommes puissent se rencontrer sans se heurter et s'écorcher. Seulement la politesse de l'ouvrier n'est pas semblable à celle du paysan ; et l'une et l'autre diffèrent de celle du bourgeois: Ils ont leurs façons d'être polis entre eux comme nous avons les nôtres : les formes varient avec les milieux parce qu'ils n'ont pas les mêmes susceptibilités. Les manières des gens du peuple nous font parfois sourire ; les nôtres; en revanche, peuvent souvent les étonner, les offenser, sans que nous nous en apercevions. Seulement nous jugeons les leurs mauvaises, et nous les évitons; ils pensent que les nôtres doivent être bonnes, et ils essaient de les imiter. En quoi ils se trompent souvent, et nous peut-être plus souvent encore.

La politesse bourgeoise est particulièrement factice et conventionnelle. Il faut y être initié : avec du bon sens, du tact et du cœur on ne devinerait pas. Comme elle est faite de détails et de nuances, il faut qu'elle soit réglée : il y a un code du savoir-vivre. Mais il ne règle pas tout : beaucoup de choses sont laissées à l'initiative de chacun et à l'inspiration du moment. Même les prescriptions les plus positives sont sujettes à se plier aux circonstances. Aussi ne suffit il jamais d'être initié, il faut encore être éduqué; instruit des règles, il faut encore être capable d'apprécier comment et quand il convient de les appliquer, quand il est permis et même préférable de les violer. La politesse anglaise est plus ponctuelle et formaliste que la nôtre ; nous y voulons plus de souplesse, plus de nuances, plus de variété. Est ce différence entre les tempéraments de deux races ? Est ce différence entre la constitution de deux sociétés ? Peut-être l'une et l'autre ? En France, la limite des classes, tombant entre les deux « classes moyennes », coupant en deux la partie la plus nombreuse de la population, est constamment menacée et difficile à défendre. Une politesse de pures formes, toujours facile à copier, ne serait pas assez distinguée, c'est à dire distinguante.

En tout cas, si la politesse française n'est pas esclave des formalités, elle ne permet pas d'y manquer par négligence, encore moins par ignorance. Et jamais il ne suffit de les observer. Protocolaire ou non; la politesse française s'appuie sur des principes moraux : elle tend à témoigner aux personnes du respect et de la bienveillance. Se montrer accueillant, hospitalier, serviable; ne pas offenser, ne pas humilier, ne pas importuner, ne pas intimider; faire plaisir, au besoin par la flatterie; mais par une flatterie qui ne semble jamais excessive, jamais intéressée, voilà la politesse. Sa perfection est de paraître inspirée spontanément et sans calcul par la bonté du cœur et la délicatesse de la conscience. On dirait que la vraie politesse commence après que les formalités de la courtoisie ont été remplies, comme on ne commence à être généreux qu'après avoir payé ses dettes. Il semble donc que pour faire acquérir aux enfants cette simple qualité, la politesse, il faille leur en faire acquérir d'autres et de l'ordre le plus élevé et que l'éducation mondaine soit en même temps une éducation morale.

La politesse bourgeoise n'est ni la vraie moralité, ni pourtant une affectation hypocrite de moralité.

Elle est trop superficielle pour être la vraie moralité. Elle ne concerne que le détail, minutieux jusqu'à la puérilité, des formes extérieures des relations sociales. Si bien que des hommes qui se haïssent ou se méprisent, qui ne sont. disposés à agir l'un envers l'autre ni avec bienveillance ni même avec justice, n'éprouvent aucune difficulté à se traiter mutuellement selon les règles de la civilité.

Ce n'est pas non plus une affectation hypocrite de moralité. Il s'agit, c'est vrai, de donner une opinion avantageuse de son bon cœur, de sa loyauté, de sa générosité, plutôt que de faire réellement du bien. Mais on n'y réussira pas si l'on ne montre jamais que de vaines apparences que l'action dément. On se méfie d'un homme trop poli, c'est à dire qui met de l'affectation dans ces formalités superficielles à partir desquelles la véritable politesse commence.

Ainsi l'éducation bourgeoise et mondaine, même limitée à la

V. L'éducation morale

simple et superficielle politesse, comporte une éducation morale. Il faut qu'elle éclaire l'enfant sur le bien et le mal, du moins sur ce qui est estimé tel dans le milieu bourgeois où il est appelé à vivre. Il faut qu'elle l'habitue à mettre cette morale en pratique, puisqu'il est impossible que la politesse se réduise à un perpétuel mensonge.

Y a-t-il dans la famille bourgeoise une autre éducation morale que celle qui est incluse dans la politesse ? Il y a l'enseignement du catéchisme. Mais ce livre minuscule contenant aussi l'essentiel de la théologie catholique et les prescriptions relatives au culte, ne consacre aux devoirs des hommes que trois ou quatre petites pages. Elles contiennent les dix commandements [1] accompagnés chacun d'un très bref commentaire. L'enseignement oral complète le livre : une ou deux leçons par semaine, d'environ une demi-heure chacune pendant six ou sept mois, sont consacrées à l'explication, non des préceptes moraux, mais de la doctrine chrétienne tout entière. Et voilà le viatique qui doit suffire à la nourriture spirituelle pendant tout le voyage de la vie !

Le jeune bourgeois reçoit en plus un enseignement moral au lycée, dans la classe de philosophie. Mais si les enfants du catéchisme sont trop jeunes pour une étude étendue et approfondie des devoirs des hommes, les élèves de philosophie ont déjà la conscience formée : si elle ne l'était pas à 18 ans, elle risquerait fort de ne l'être jamais [2]: En sorte qu'on peut se demander où et comment se fait l'éducation morale de la bourgeoisie.

Elle se fait dans la famille, sans préceptes raisonnés, sous la surveillance des parents, par la pratique de la vie quotidienne et l'insensible influence du milieu; et elle se confond à peu près avec l'apprentissage de la vie mondaine. La politesse y a plus d'importance que la moralité. Ou plutôt elle ne s'en distingue pas : la loyauté ; la générosité, la bonté font partie de la politesse: La nuance d'une cravate, la forme l'un d'un gilet; le choix d'un mot y

1 Les Commandements de Dieu sont une énumération d'articles. Il serait bon, tout au moins, de les rattacher à un principe unique, utilisable pour distinguer le bien du mal. Cela pourrait se faire sans alourdir beaucoup le petit livre et sans puiser aux sources profanes. Il suffirait de citer les versets du N. T. relatifs au premier et plus grand commandement, et au second qui lui est semblable, les deux réunis contenant « toute la Loi et les Prophètes. »

2 Aujourd'hui les élèves des lycées reçoivent vers l'âge de 14 ans un enseignement de morale pratique.

Edmond Goblot

sont réglés par des prescriptions ou des interdictions plus étroites et plus impératives que par exemple la probité. Les vertus sont comprises dans la *tenue* ; et comme une tache au fond du cœur ou dans quelque repli obscur de la conscience est beaucoup moins visible qu'une tache sur la manche ou le revers d'un veston, elle est aussi beaucoup moins grave.

Sous les règnes de Louis-Philippe et de Napoléon III, qui furent le beau temps de la bourgeoisie, la morale était communément identifiée à la religion ; les philosophes même (sauf les positivistes) ne la séparaient pas de la « religion naturelle »: La « morale indépendante » était une nouveauté lorsque parut le livre de Mme Coignet (1869), une nouveauté hardie, subversive. Cependant la bourgeoisie de la Révolution de juillet n'est pas religieuse; elle est voltairienne [1]. Celle du coup d'État de décembre ne l'est guère plus; mais elle est cléricale. L'une et l'autre présentent d'ailleurs, à l'égard de la religion, un *dimorphisme sexuel* analogue à celui que nous avons observé à l'égard de la mode et qui doit avoir la même origine (il a aujourd'hui à peu près disparu). La foi et les pratiques pieuses conviennent à la femme et ne conviennent pas à l'homme; une femme dévote est respectable, un homme dévot est ridicule.

Le mari tient à ce que sa femme aille à la messe et n'y va pas lui-même. La famille bourgeoise est solidement établie sur l'autorité maritale. La libre-pensée serait chez une femme la marque d'un esprit d'indépendance difficile à concilier avec ses devoirs d'épouse soumise et docile, tandis que l'homme, responsable de lui-même et des siens; doit avoir ses opinions à lui et n'a de compte à rendre à personne. Il est dans l'ordre que la femme ait un directeur de conscience et que l'homme se dirige tout seul.

Aujourd'hui, la bourgeoisie est divisée, mais le bourgeois libre-penseur envoie ses enfants au catéchisme tout comme le bourgeois dévot. Il leur fait enseigner cette religion dont il ne veut pas pour lui-même; il ne peut pas faire autrement : il n'a rien à mettre à la

---

1 Thureau-Dangin, *Histoire de la Monarchie de Juillet*, t. 1, ch. VII. p. 806 : « On aurait une idée fort incomplète des conséquences de la Révolution de 1830; si l'on ne les observait que dans la politique proprement dite. Aussi bien n'est ce peut-être pas dans les chartes et les lois, mais dans les idées et les mœurs, que la secousse a été la plus forte et le changement le plus radical... L'irréligion avait alors ce caractère d'être plus bourgeoise que populaire. »

V. L'éducation morale

place. Son irréligion n'oppose pas une doctrine à une autre, une morale rationnelle à une morale révélée; elle est purement négative. C'est une chose digne de remarque, un sujet d'étonnement toujours renouvelé que le vague, pour ne pas dire le vide, la pauvreté, pour ne pas dire la misère, des notions morales chez la plupart des bourgeois même cultivés, croyants ou incroyants, à moins qu'ils ne soient spécialement des « intellectuels ». Ils ne connaissent guère que la politesse. Mais il faut convenir que la politesse française n'est pas aussi superficielle qu'on pourrait le croire : elle exige, elle suppose, elle porte en elle une moralité qui, sans être suffisante, est loin d'être méprisable, puisqu'en somme notre bourgeoisie est et a été une société d'honnêtes gens.

Cette morale bourgeoise ne prétend pas dépasser les vertus moyennes. Elle n'aspire point au sublime. Elle ne fait point l'ange de peur de faire la bête. Aussi n'est ce pas chez nos bourgeois que se recrutent les saints et les martyrs. Il ne convient pas, n'est il pas vrai ? de se faire remarquer. Les vertus trop héroïques ou trop intransigeantes ont quelque chose de déplaisant ; elles causent une sorte de gêne, de malaise.. Elles ont beau être rares, elles ne sont pas distinguées ; d'ailleurs rien de ce qui est absolu, extrême et sans nuances n'est distingué: Comment des vertus qui sont nécessairement exceptionnelles seraient elles des vertus de classe ?

Faites comme tout le monde ! voilà le niveau. Ne soyez pas commun ! voilà la barrière. Avec ses vertus médiocres, il faut que la bourgeoisie se montre supérieure au vulgaire. Elle y réussit par le raffinement. Le mot *délicatesse*, qui ne s'appliquait guère jadis qu'à la sensibilité et surtout à la sensualité, a pris dans son langage une signification morale et une valeur nouvelle. Un homme « comme il faut » doit avoir une conscience « délicate ». Il est médiocrement vertueux, mais il l'est avec délicatesse. Élevé dans un milieu choisi, préservé dans l'enceinte familiale de tout contact pernicieux; de toute influence suspecte, le bourgeois est censé capable de trouver, à des problèmes de casuistique que le vulgaire ne soupçonne même pas, des solutions élégantes, de discerner des nuances plus fines de bien et de mal, d'avoir des scrupules plus subtils, bref, une moralité plus délicate et, par là même, distinguée.

Il y aurait bien des réserves à faire sur cette délicatesse morale de notre bourgeoisie. En général, le devoir est gros ; ce n'est que dans

Edmond Goblot

des cas très exceptionnels qu'il faut prendre des lunettes pour le voir [1]. Quand il nous échappe, c'est qu'il nous crève les yeux. Si l'on voulait tout regarder à la loup, on ne verrait jamais ni une maison ni une montagne. Nos honnêtes bourgeois ressemblent souvent à ces pharisiens qui filtraient leur breuvage de peur d'avaler un moucheron et qui avalaient un chameau. Cet esprit de finesse qui trop souvent rend aveugle aux principes essentiels, appartient plutôt à la morale de classe, à la morale « distinguée » qu'à la morale commune, à la morale humaine, qui est pourtant la vraie: S'il vous arrive de tomber à l'eau, il n'est pas probable que ce soit le monsieur bien habillé qui vous repêchera ; ce sera plutôt quelque homme en bourgeron qui ne connaît pas la « délicatesse » .

Au surplus, ce qu'on nomme couramment une « indélicatesse » est en réalité une chose monstrueuse, un vol, un faux, une méchanceté, une perfidie, à quoi on semble surtout reprocher de ne pas sauver suffisamment les apparences.

Examinons de plus près ces caractères d'une morale de classe en considérant quelques aspects des mœurs bourgeoises.

Le mensonge et la sincérité sont de bonnes pierres de touche de la valeur morale des individus et des sociétés. Car le mal ne peut se rencontrer que sous deux formes : la violence et la ruse, plus exactement : la ruse avec la violence et la ruse sans la violence. Car la ruse peut se passer de la violence, mais la violence a besoin de la ruse : la victime se déroberait aux coups si elle était avertie. Dans le duel, où pourtant deux adversaires s'affrontent à découvert, devant témoins, selon des formes réglées pour assurer la loyauté du combat, les menaces de l'épée s'appellent très justement des « feintes » : tout l'art de l'attaque, en escrime, est de menacer l'adversaire, dans une ligne pour l'atteindre dans une autre, *sans laisser deviner son jeu à l'expression du visage.* Le noble jeu de l'épée est donc un art de dissimulation. A la guerre, qui est la violence déchaînée, la tactique consiste à surprendre l'ennemi, à le tromper sur les forces concentrées en chaque point, sur le lieu et l'heure de l'attaque. On fait donc le mal avec ou sans violence. mais on le fait toujours par ruse. Le mensonge est le compagnon et le serviteur de tous les autres vices. Qui ne ment jamais ne peut en avoir aucun; le

---

1 E. Goblot. *Justice et Liberté*, 2• éd. 1907, Alcan. Voir la fin du chapitre intitulé La *casuistique.*

V. L'éducation morale

menteur peut les avoir tous.

Or la vie bourgeoise et surtout la vie mondaine est un tissu de mensonges, de petits mensonges et quelquefois de gros. On les commet sans aucun scrupule, souvent sans y penser, sans même s'en apercevoir; mais aussi sans grande habileté: ils ne tirent pas à conséquence tant qu'ils ne risquent pas de faire un éclat et de provoquer l'accusation infamante. On n'hésite pas, par exemple à expliquer par un prétexte l'action dont on ne tient pas à faire connaître le vrai motif. On commet ces mensonges devant des tiers, qui ne songent pas à s'en étonner, et, ce qui est plus grave, devant les enfants. Ce sont de petits mensonges; niais l'enfant ne fait pas de différence entre les petits et les gros, entre les inoffensifs, et les malfaisants. Mentir est un art difficile, qu'on ne sait pas sans l'avoir appris ; mais la famille bourgeoise est, à cet égard; une excellente école. Quand l'enfant grandit, on s'aperçoit qu'on ne peut plus le croire; alors, après lui avoir enseigné le mensonge, il faut lui enseigner la sincérité, c'est à dire à ne plus faire que des mensonges légers et de pure forme, de ceux qui n'empêchent pas d'être franc.

Car, dans l'ensemble, notre bourgeoisie n'est pas hypocrite. Selon les principes de sa morale, il n'y a pas de vice plus haïssable. L'accusation de mensonge est l'offense qu'un homme du monde peut le moins supporter. Mais le mensonge n'est pas l'hypocrisie. Une conscience « délicate » fait très bien la différence. Un homme du monde, - mieux encore une femme du monde, - sait mettre de la délicatesse jusque dans le mensonge, mentir sans duplicité, colorer ses intentions, pour leur donner bonne apparence, soigner la parure de son âme comme celle de son corps; farder la vérité comme son visage, ce qui n'est pas tout de même la même chose que de porter un masque. Le mensonge s'userait trop vite s'il n'y avait dessous que vanité et fragilité. Un vernis doit être appliqué sur une matière suffisamment résistante, sans fissure et solidement jointe; autrement le vernis s'écorne et s'effrite, et la misère de ce qu'il devait cacher n'en apparaît que plus honteuse. Malgré tout ce qu'elle a de conventionnel et d'artificiel, la vie bourgeoise est obligée d'avoir et de transmettre des vertus, de vraies vertus, dont elle rehausse l'éclat par la manière de, les présenter. Voici environ un siècle que dure cette bourgeoisie que nous décrivons, voici un siècle qu'elle joue, dans notre société, le rôle de classe dirigeante.

Edmond Goblot

Elle s'est maintenue parce qu'en somme, elle a des qualités solides de probité, de loyauté ; de dignité, de travail, d'épargne et d'ordre qui ne se rencontrent pas dans l'élite de toutes les sociétés et de toutes les époques.

Cette étude de la morale de la bourgeoisie serait bien incomplète si, - bourgeois parlant à des bourgeois, - par respect pour des convenances qui ne sont le plus souvent que des conventions, je passais sous silence un trait aussi important que ses mœurs et ses opinions sur les mœurs ; je prends ici ce mot dans le sens très spécial que la langue bourgeoise lui a donné.

Un caractère remarquable de la bourgeoisie française moderne est, en effet, l'importance qu'elle attache à la pureté de la famille. En quoi elle est infiniment supérieure à l'aristocratie de l'ancien régime. C'est un sujet d'étonnement qu'une caste héréditaire, entichée de ses aïeux, et qui attribue une valeur si grande au sang et à la race, ait fait ouvertement si peu de cas de l'authenticité de la filiation. Dans la société aristocratique des XVII° et XVIII° siècles, l'adultère, tant de la femme que du mari; est monnaie courante et ne rencontre aucune réprobation. Les écrits de cette époque et en particulier les *Mémoires* ne laissent à cet égard aucun doute. La filiation naturelle, physiologique, n'a aucune importance ; seule compte la filiation conventionnelle et légale : *is pater est quem nuptiae demonstrant*; le père est, par définition juridique, le mari de la mère. En réalité, ce n'est ni le sang ni la race qui ont de la valeur, c'est le nom. Ces traditions, qu'on peut suivre jusque dans les prisons de la Terreur et dans l'Émigration, persistent sous Louis-Philippe dans la noblesse dépossédée, en contraste avec les vertus conjugales de la bourgeoisie récente. « Dans notre monde, dit le marquis de Presles à Mlle Antoinette Poirier, sa femme, le mariage n'est pas le ménage ».Et pour cette belle raison, Mme la marquise de Presles ne doit pas trouver mauvais que M. le marquis aille à son rendez-vous avec Mme de Monjay.

La bourgeoisie n'admet pas l'adultère. A la rigueur, l'homme coupable: est encore toléré, pourvu qu'on puisse être censé ne rien savoir de son inconduite; mais il est universellement blâmé. Quant à la femme coupable, ou simplement suspecte, elle est rejetée de partout et comme frappée d'interdit. La « bonne société » (je parle surtout de la bourgeoisie du temps de Louis-Philippe et de

V. L'éducation morale

Napoléon III, car les mœurs ont évolué; et je ne parle pas d'une certaine haute bourgeoisie, surtout financière, qui n'est peut-être pas de la bonne société), la « bonne société », dis je, réprouve si sévèrement toute immoralité sexuelle, qu'elle ne supporte pas qu'on en parle, fût ce par allusion et à mots couverts, du moins en présence des dames. Et l'interdiction ne porte pas seulement sur le vice et la débauche ; elle s'étend aussi à ce que la sexualité a de plus innocent, de plus respectable, de plus sacré : la maternité. On doit avoir l'air d'ignorer que ces choses-là existent. Les enfants surtout ne doivent pas même les soupçonner, comme si l'ignorance était la seule innocence. Mais les enfants interrogent. On les fait taire : on essaie d'apaiser leur curiosité par des contes qui ne les trompent pas longtemps. On fait en sorte qu'ils n'interrogent plus. Or, quand ils cessent d'interroger, c'est qu'ils savent. C'est aussi qu'ils ont compris qu'ils doivent avoir l'air d'ignorer. Déplorable méthode ! car si l'enfant sait ce que ses parents tiennent tant à lui cacher, de qui l'a-t-il appris ? De personnes qui ne sont pas, probablement, des éducateurs très recommandables.

On garde précieusement la jeune fille. Elle ne sort pas seule; sa mère ne la quitte pas des yeux; tout ce qu'elle voit, tout ce qu'elle entend, tout ce qu'elle lit est étroitement surveillé. Et ce souci de préservation va si loin, - du moins allait si loin avant que l'État ne se fût occupé de l'instruction des filles, - qu'il rendait à peu près impossible l'étude des lettres et des sciences. Pour un garçon, on sait bien que l'initiation ne tardera guère; mais cela ne tire pas à conséquence. On ne lui demande que de dissimuler, pendant l'adolescence et un peu après, les émotions, imaginations et préoccupations qui travaillent son esprit et son cœur en même temps que sa chair, et qu'il vaudrait mieux connaître et surveiller. On lui demande de paraître encore enfant longtemps après qu'il ne l'est plus. Alors commence pour lui une vie en partie double : en dehors de la famille et du milieu social auquel elle appartient, une vie de débauche qu'aucun indice ne doit faire soupçonner ; dans l'enceinte de la famille, l'ostentation d'une naïveté candide et d'une ignorance invraisemblable. Nous retrouvons ici, remarquons le en passant, à propos de la morale, ce dimorphisme sexuel que nous avons signalé à propos du costume et à propos de la religion.

Tout; dans l'éducation bourgeoise, tout dans les usages de la vie

Edmond Goblot

bourgeoise, tend à préserver la bonne société de tout mélange suspect, de tout contact, même de tout voisinage douteux, à assurer le respect de la femme et de la jeune fille et la pureté du foyer familial. Les mœurs françaises ont, à l'étranger, mauvaise renommée. Mais les voyageurs qui savent observer, ceux qui voient autre chose que des hôtels, des casinos et les rues de nos villes, ceux qui ont été reçus dans l'intimité des familles; après avoir débarqué chez nous l'esprit prévenu, s'aperçoivent avec étonnement que la famille française est pleine de dignité, parfaitement saine et très unie. Plusieurs se sont fait un devoir de le proclamer [1].

Mais cette pureté de la famille est obtenue en donnant pleine liberté au dévergondage de la jeunesse masculine, à condition qu'il se passe en dehors d'elle. Avant le mariage, pense-t-on communément, l'homme n'a aucune raison de s'imposer une contrainte. Pourquoi résisterait il au plus naturel et au plus puissant des instincts ? N'est-il pas libre de tout engagement ? Il ne trahit personne; il ne fait de mal à personne. Puisqu'en nous la nature proprement humaine se superpose à la nature animale, ne faut-il pas donner satisfaction à l'une comme à l'autre ? Pourvu que la part faite à l'animalité soit nettement séparée, pourvu que pas un mot, pas un geste ne trahisse dans la bonne société ce qui a pu se passer dans la mauvaise, pourvu qu'en quittant celle-ci pour rentrer dans celle-là; on reprenne aussitôt sa dignité de bourgeois comme on reprend son pardessus et son chapeau; pourvu qu'on sache changer de personnage comme Fregoli, où est le mal? Il n'y en a pas. On demande à l'homme de respecter les femmes respectables, celles de son monde; mais pourquoi respecterait il celles qui ne sont pas respectables ? La prostitution est une soupape de sûreté. Si la société bourgeoise est honnête, c'est qu'au-dessous du monde il y a le demi-monde, - et moins encore que le demi-monde, - et qu'on rejette dans celui-ci ce qu'on ne saurait admettre dans celui-là.

Les mœurs de la bourgeoisie ont évolué dans le cours d'un siècle. Nos arrière-grand'mères n'étaient qu'indulgentes pour la débauche de l'homme jeune et non marié : « il faut que jeunesse se passe ». Puis, peu à peu, ce qui n'était que toléré, à condition de rester secret, devint licite et avouable : un homme n'est pas bien coupable parce

---

1 On lira avec plaisir, à ce sujet, le livre publié après plusieurs années de séjour en France, par un américain M. Barret-Wendel.

qu'il n'est pas un saint ; quand on veut être un saint, on se réfugie dans l'Église. Enfin, aujourd'hui, la chasteté de l'homme paraît presque incroyable : on y voit une anomalie, un ridicule et presque une sottise. Parallèlement à cette évolution des idées, l'armée de la prostitution grossissait. Autrefois reléguée dans quelque quartier retiré des villes, dans des ruelles sombres où personne n'était obligé de passer, elle déborde aujourd'hui et triomphe partout. Elle a pris possession des rues les plus belles, les mieux éclairées, les plus fréquentées; on la coudoie, on s'assied à côté d'elle dans les cafés, les restaurants, les théâtres, les cinémas. Elle vous entoure, vous arrête au passage. Elle tend ses pièges et les amorce, poursuit, capture et emmène sa proie devant tout le monde, devant les enfants. Elle assiège les abords de nos établissements d'éducation. Ce ne sont pas nos filles; ce sont surtout nos garçons qu'il est dangereux de laisser sortir seuls dans la rue. L'étranger qui a visité la France sans pénétrer dans l'intimité des familles, a vu au moins la rue. Le spectacle qu'elle présente explique amplement l'opinion qu'il emporte de nos mœurs.

La résistance à l'instinct sexuel exige, il faut le reconnaître, une force de caractère dont tout le monde n'est pas capable. Cette résistance est beaucoup plus facile quand elle est encouragée par les jugements et les sentiments du milieu, beaucoup plus difficile quand elle est obligée de braver l'opinion. Dans les réunions de jeunes gens; ce sont les vicieux qui font les fanfarons, ce sont les chastes qui sont honteux. Ils se taisent, ils se tiennent à l'écart, à moins qu'ils ne prennent le parti, pour échapper aux railleries des autres, d'imiter leurs allures et leur langage et de hurler avec les loups. Lorsque le jeune homme (ce n'est plus le jeune homme qu'il faut dire aujourd'hui, c'est l'enfant, tant la précocité, a fait de progrès), lorsque le gamin jette sa gourme, il cède bien un peu aux ardeurs de son sang, aux sollicitations de la nature; il cède bien plus encore à l'entraînement du milieu. *L'instinct moutonnier* accompagne et parfois devance l'instinct sexuel.

On me dira peut-être: les mœurs de la jeunesse sont dissolues dans tous les pays, dans tous les milieux, et l'ont été dans tous les temps. Notre bourgeoisie a réussi autrefois, réussit encore, quoique moins bien, à préserver le foyer familial, et c'est beaucoup. Le puritanisme anglais, le piétisme luthérien, le quakerisme

Edmond Goblot

américain ont-ils jamais fait mieux ? Ce n'est pas sûr : comment prouver ces choses-là ? Ce furent d'ailleurs des sectes limitées, des produits de sélection. La débauche tantôt se cache, tantôt s'étale; au fond, elle est partout et toujours la même. Nos classes populaires sont-elles moins corrompues que notre bourgeoisie?

Elles le sont autant : les ouvriers des villes le sont probablement davantage. Comment en serait-il autrement quand ils sont toujours et partout témoins des débauches de cette bourgeoisie qui se prétend éclairée, cultivée et respectable, de cette bourgeoisie qu'ils admirent, qu'ils envient et qu'ils imitent alors même qu'ils la détestent ?

C'est à la bourgeoisie que nous devons cette armée innombrable de la prostitution urbaine, qui s'accroît d'année en année. C'est la bourgeoisie qui en fait usage et qui la paie; c'est pour elle qu'elle existe. Elle se recrute presque exclusivement dans la classe ouvrière (dans la proportion de 96 p. 100), où elle apporte la corruption.

Il y a deux sortes d'immoralité : l'une, pour ainsi dire, naturelle et presque innocente, n'est que la faiblesse humaine, l'aveuglement du désir, l'emportement de la jeunesse, le triomphe de l'instinct et de l'animalité sur la raison, la sagesse et la prévoyance. Songez que les traditions de la sagesse humaine ne remontent pas à plus de quelques milliers d'années. L'héritage de notre animalité, au contraire, porte le poids de milliards et de milliards de générations, étant presque aussi vieux que l'apparition de la vie sur la terre. A la campagne, surtout dans certaines occasions telles que la fête patronale, la moisson ou les vendanges, la gaîté, l'entrain, la foule, le mouvement, le bruit et souvent aussi le vin, excitent les sens et tournent les têtes. Alors des accidents peuvent se produire à l'ombre des gerbiers ou des pressoirs: Bien différente est cette immoralité réfléchie, organisée, servie par un personnel de profession, cette immoralité qui a sa doctrine et sa justification théorique, à laquelle on fait son budget, dont la place est prévue dans l'ordre d'une vie réglée, et qu'on élève à la hauteur d'une institution sociale.

La première est de toujours et de partout. Toujours et partout elle fait et a fait de grands ravages. Ce qu'il y a de plus intéressant dans la sociologie de la famille, c'est à dire des phénomènes sociaux relatifs à la conservation de l'espèce, c'est la variété et l'ingéniosité des institutions et des mœurs grâce auxquels les diverses sociétés s'arrangent pour atténuer les inconvénients de l'immoralité sexuelle et les rendre supportables. Les sociétés qui n'y réussissent pas suffisamment en meurent. La seconde sorte d'immoralité est aussi de partout et de toujours, mais partout et toujours elle est considérée comme un vice. Le fait de l'avoir adoptée presque universellement et comme une règle de la vie est caractéristique de notre bourgeoisie française moderne ; elle est plus développée et plus systématisée dans la bourgeoisie contemporaine, bourgeoisie finissante, et c'est elle probablement qui la tuera. De la bourgeoisie, elle a passé à la classe ouvrière des villes. La guerre l'a répandue dans les campagnes. La guerre a mélangé dans les tranchées bourgeois, ouvriers et paysans. Depuis la guerre, on voit apparaître dans les bourgs et les villages une prostitution professionnelle analogue à celle des villes et imitée d'elle. La bourgeoisie a perverti la classe ouvrière, et celle-ci la classe paysanne. Voilà l'œuvre de ceux qui s'intitulent les « classes dirigeantes » !

La « lutte des classes » s'est tenue jusqu'ici sur le terrain économique, limitée à des questions de salaires, d'heures de travail et d'autorité patronale. La classe ouvrière ne s'est pas encore aperçue du tribut honteux qu'elle paie à la classe bourgeoise. Qu'arrivera t il le jour où elle comprendra? Les bourgeois lui répondront ils « Nous avons besoin de vos femmes et de vos filles pour pouvoir respecter les nôtres » ? C'est pourtant ce que signifie la doctrine courante qu'avant le mariage, l'homme a raison; ou au moins n'a pas tort de s'abandonner en toute liberté à ses passions, pourvu qu'il s'interdise de jeter le désordre dans les familles de son monde.

VI. L'éducation intellectuelle de la bourgeoisie

Tous les pays civilisés ont trois degrés d'enseignement, et il semble impossible qu'il en soit autrement ; savoir : un enseignement primaire, donné dans des écoles, plus ou moins répandu ; mais offert, sinon imposé à tous ; un enseignement supérieur, donné dans des universités, très spécialisé ; un enseignement secondaire donné dans des lycées, collèges, gymnases, etc., dont l'objet principal est la « culture générale », préparation indispensable à la

Edmond Goblot

spécialisation des études supérieures.

L'enseignement primaire peut se réduire aux éléments fondamentaux de toute culture : lire, écrire et compter. Cependant, partout où la vie économique a pris quelque développement, il dépasse ces humbles limites, car le savoir augmente la valeur du travail. Une société démocratique doit aller plus loin encore : l'école doit former non seulement des ouvriers et des paysans, mais aussi des citoyens sans quoi une démocratie ne peut pas vivre. Toutefois, et malheureusement, l'instruction primaire est étroitement limitée par sa brièveté.

L'instruction du jeune bourgeois, secondaire et supérieure, dure plus longtemps. Cela seul suffirait pour constituer deux classes : l'une ; contrainte par les nécessités de la vie à se contenter d'une instruction abrégée, vouée par suite aux métiers manuels ; l'autre, initiée aux sciences, aux lettres et aux arts, seule capable d'exercer les professions libérales. Il ne peut pas y avoir continuité, gradation insensible entre l'une et l'autre, il y a nécessairement démarcation franche, partant différence de classe : car il n'y a guère de milieu possible entre un cycle d'études qui s'arrête à treize ans et un autre qui ne s'achèvera qu'aux environs de vingt-cinq. Le premier ne doit pas se borner à donner des notions primordiales et préparatoires : elles ne seraient pas utilisables; il doit former un tout, se suffire à lui-même, si modeste qu'il soit, car, dans la grande majorité des cas, il ne sera pas continué. Le second comprend, jusqu'à dix-huit ans, une longue période préparatoire et commune, ou à peu près commune, et ce ne serait guère la peine de le commencer s'il ne devait pas être poursuivi jusqu'au bout. La séparation est donc tranchée, pour la population masculine, entre ceux qui n'ont reçu que l'instruction primaire et ceux qui reçoivent l'instruction secondaire d'abord, supérieure ensuite.

Les choses étaient ainsi dans le principe. Le décret de 1808, qui a créé l'Université de France, a eu pour but d'organiser l'instruction de l'élite. Comme préparation générale aux études spéciales les plus diverses, même scientifiques, il lui a donné le latin. Les classes secondaires consistaient alors et surtout en une étude de la langue latine qui mettait les élèves en état d'écrire en latin, soit en prose soit en vers, avec autant et plus de facilité qu'en français. On leur faisait lire les principaux chefs-d'œuvre des littératures antiques. Ils

VI. L'éducation intellectuelle de la bourgeoisie

savaient par cœur mainte page de Cicéron, de Tacite, de Sénèque, presque tout Virgile et presque tout Horace. Les sciences, à part les mathématiques, étaient un peu sacrifiées. On se bornait à quelques notions d'histoire ; on ignorait la géographie; la place faite aux langues vivantes était dérisoire; même la langue et la littérature françaises n'étaient guère qu'un accessoire et un complément des études latines.

Il en résulta que la principale différence entre un bourgeois et un homme du peuple fut longtemps que le bourgeois savait, et même savait assez bien le latin.

Mais les progrès des sciences et de leurs applications ont obligé à leur faire une place de plus en plus grande dans les programmes, aux dépens des études latines.

À voir comment on discute la question du latin, on pourrait croire que ce n'est qu'une question pédagogique. L'éducation scientifique; disent les uns, est avant tout « pratique et utilitaire » ; elle reste très inférieure aux études latines pour le développement général de l'esprit. Elle ne donne pas ce vernis d'élégance, cette délicatesse de pensée et de parole qui est le fruit précieux des études littéraires à base de latin. Elle n'accorde rien à l'imagination et au sentiment. Chaque science a son domaine spécial d'où elle ne peut ni ne doit sortir; seules les lettres ont la valeur d'une « culture générale [1] ». A quoi les autres répondent : ces reproches s'adresseraient à une instruction purement technique qui se bornerait à recueillir les résultats acquis des sciences en vue des applications pratiques. Mais l'étude des principes des sciences n'est pas seulement l'acquisition d'un savoir ; c'est aussi une discipline de l'esprit, une « culture générale » ; qui peut être mise sur le même plan que la culture littéraire. D'ailleurs ce n'est pas le rôle de l'enseignement secondaire de pousser les études scientifiques jusqu'aux connaissances de détail qui seules sont pratiquement applicables ; c'est l'affaire des spécialistes.

- Oui, répondent les défenseurs du latin. Il y a deux cultures

---

1 Lors de l'avant-dernière réforme de la licence ès-lettres, qui créa les licences spéciales de philosophie et d'histoire, le Conseil Supérieur voulut maintenir à la licence de philosophie une épreuve éliminatoire de version latine, représentant la culture « générale » tandis que la philosophie, l'histoire de la philosophie, sont, parait il, des cultures spéciales.

Edmond Goblot

générales; mais elles sont de caractère différent. Les études scientifiques développent les facultés de *raisonnement*, les études littéraires les facultés *d'intuition*, toutes deux d'ailleurs ayant un égal besoin de netteté et de précision (et l'on commente sans se lasser la célèbre distinction de Pascal entre l'esprit de géométrie et l'esprit de finesse.) L'intuition est une sorte de sensibilité de l'esprit, un sentiment du vrai et du juste. La science s'en défend, comme d'un procédé de pensée très dangereux, mais c'est notre seule ressource pour tout ce qui ne peut pas être scientifiquement connu. Or la science n'a guère étendu son empire que sur ce qui est mécanique et matériel dans la nature. Elle n'a pas encore conquis le monde spirituel et moral. Pour la partie la plus importante, la plus élevée de la nature humaine, celle justement que nous avons le plus besoin de connaître pour nous conduire dans la vie, la science n'est pas en mesure de remplacer cette antique tradition d'études littéraires, morales et philosophiques qu'on a si justement nommée les « humanités. »

- Ces remarques ne sauraient clore le débat.

La science, une fois faite, n'admet que des résultats *fondés*, d'où l'intuition est exclue, et qui reposent sur le raisonnement et l'expérience, critiqués avec la plus grande sévérité. Mais la science qui se fait et qui cherche encore fait une grande place à l'intuition et à l'imagination ; et elle réclame, pour ces facultés d'investigation et de divination, toute liberté, une liberté qui ne comporte même pas les restrictions que la mode du jour, les conventions, les préjugés, les traditions et les écoles imposent à l'imagination littéraire. Quant au sentiment, s'il lui est sévèrement interdit de peser sur les jugements et de se mêler aux opérations logiques, qui pourrait contester que l'enivrement de l'évidence, l'avidité de connaître et de comprendre et l'ambition de conquérir l'empire de la nature ne soient des émotions et des enthousiasmes qui égalent, s'ils ne surpassent point, les plus séduisantes inventions de la poésie.

L'idéal serait d'unir la culture littéraire à la culture scientifique. C'est bien ce qu'on a fait. Mais le latin en a forcément souffert, puisqu'il occupait seul toute la place.

Il est remarquable que la question du latin surgit dans les débats pédagogiques de l'Université, à propos de tout, même de questions

VI. L'éducation intellectuelle de la bourgeoisie

où il semblait d'abord qu'elle n'eût rien à faire. Et dès qu'elle surgit, il y a des gens qui voient rouge et foncent sur l'adversaire comme le taureau. C'est que, sous la simple question pédagogique, qui devrait être étudiée froidement; en pesant à tête reposée les avantages et les inconvénients; en dosant les sacrifices qu'il faut bien faire d'un côté comme de l'autre; sous la question pédagogique il y a la question de classe sociale.

Le latin a des partisans capables de se ruer tout-à-coup comme des fauves; sujets à des accès imprévus de férocité. A-t-il seulement des adversaires ? Personne ne prend au sérieux le potache que sa version latine assomme, quand il s'écrie avec dépit : « Pourquoi nous contraindre à apprendre ces langues que personne ne parle plus ? À quoi cela, nous servira t il dans la vie? » Nul esprit sérieux ne conteste que la langue et la littérature latines et grecques, l'histoire de Rome et d'Athènes, et toute la civilisation de l'antiquité classique méritent d'être étudiées. Ceux que l'on a parfois considérés comme adversaires dés humanités en sont, au contraire ; les partisans les plus ardents ; en revanche, elles n'ont pas de pires ennemis que ceux qui les défendent.

Car ceux qui les défendent les défendent comme bases des études secondaires, c'est-à-dire de l'enseignement égalitaire et niveleur donné à toute la bourgeoisie : Les autres, au contraire, sont d'avis que ces études sont utiles *à condition qu'on les fasse*, qu'elles sont au contraire du temps perdu si en réalité on ne les fait pas et si elles ne sont qu'un prétexte pour en esquiver d'autres.

Il y a un grand intérêt à pénétrer le mécanisme d'une langue très différente de la nôtre. Car ce n'est pas à cause de la ressemblance entre le latin et le français qui en dérive, c'est au contraire à cause du génie différent des deux langues, que le latin est utile ; c'est pour cela que l'étude d'une langue moderne ne remplace pas celle du latin. Mais il y a dans les « humanités » autre chose que la version latine. Le latin, surtout si l'on y joint le grec, nous introduit dans une civilisation dont la nôtre est issue, et qui, bien que fort lointaine, fut presque aussi riche et raffinée que la nôtre. Étudier le latin, c'est faire de l'histoire. Cette étude historique du latin est l'indispensable instrument de toute autre étude historique. Sans l'histoire, l'esprit est comme un homme, né dans le fond d'une vallée, qui n'aurait jamais franchi la ligne de faîtes qui en limite

Edmond Goblot

l'horizon. Qu'il en gravisse seulement un sommet, d'autres vallées lui apparaissent ; puis d'autres collines, et d'autres encore; dont les plans s'échelonnent, abritant dans leurs plis d'autres vallées, Alors surgit le désir de se mettre en voyage. d'atteindre et de gravir ces collines qui ferment l'horizon nouveau, pour voir d'autres horizons encore. L'histoire consiste à faire des voyages dans le passé [1].

Il y a trois manières d'étudier, quel que soit l'objet que l'on étudie. Si l'oit se propose d'acquérir des connaissances uniquement pour s'en servir, on se contentera des résultats présents de la science acquise : ils suffisent pour les applications professionnelles: C'est ainsi qu'on apprend une langue vivante pour voyager à l'étranger ou pour faire de la correspondance commerciale. Un notaire, un avoué, un agent d'affaires peuvent borner leur étude du droit à la connaissance des lois: Les techniciens n'ont besoin, à la rigueur, que des résultats des sciences qu'ils appliquent. - La science est vraiment une culture de l'esprit, si l'on remonte aux principes afin de comprendre les raisons des choses. Ceci ne s'applique pas seulement aux démonstrations rationnelles des mathématiques, aux preuves expérimentales des sciences physiques et naturelles ; en étudiant des langues, on peut s'intéresser aux rapports du langage et de la pensée, aux procédés divers par lesquels des langues différentes arrivent à l'expression d'une même pensée, ce qui habitue l'esprit à considérer la pensée indépendamment des mots. En étudiant le droit, on peut y voir le savant organisme de la fonction par laquelle chaque société se défend contre les plus graves des injustices qui la menacent. - Enfin tout esprit véritablement éclairé est curieux de savoir comment s'est formé le canton de la nature dont il fait son étude et ce que l'homme en a fait : histoire de la terre et du ciel, histoire des plantes, des animaux et des hommes, histoire des sociétés humaines, de leurs langues, de leurs pensées, de leurs sciences, de leur littérature, de leurs arts, de leurs institutions, de leur civilisation. L'étude du latin est par elle-même une histoire, puisque c'est une langue du passé, et cette langue est un instrument nécessaire à l'étude de toute histoire humaine. S'il y a une grande différence, une grande inégalité de niveau intellectuel entre celui qui est resté au fond de sa vallée natale, sans essayer d'en sortir, sans

---

1 « Car c'est quasi la même d'étudier les livres anciens que de voyager. » Desc. Méth. I

VI. L'éducation intellectuelle de la bourgeoisie

même s'enquérir de ce qui est au-delà, et celui qui a la curiosité, la volonté, le courage et aussi les moyens de parcourir le monde, il y a la même inégalité entre les études littéraires ou scientifiques sans histoire et sans latin, et ces mêmes études complétées par les sciences historiques.

Mais, pour la grande majorité des élèves, les études latines n'ont d'autre but que de faire une version de baccalauréat. Est-ce assez pour justifier le temps qu'on y consacre? Déchiffrer péniblement, à coups de dictionnaire, en trois heures, sans y faire plus des trois ou quatre contresens qu'on y tolère, vingt lignes d'un latin que l'examinateur a choisi simple, régulier, sans surprises et sans embûches, et cela pour ne plus jamais lire une ligne de latin dans le reste de sa vie, voilà pourtant, pour beaucoup d'élèves, tout le résultat des études latines.

Ceux que l'on considère comme adversaires des études latines sont au contraire ceux qui les voudraient plus sérieuses et plus poussées, Mais pour cela, il ne faut pas qu'elles soient imposées à tous. Elles devraient être abordées par des esprits bien doués qui, ayant le travail plus facile et craignant moins leur peine, sauraient les mener de front avec d'autres études, notamment avec celle des sciences. Ils formeraient une élite. Les autres, vu l'insuffisance de leur intelligence ou de leur courage, devraient se résigner à une culture plus réduite. C'est justement te que ne veulent pas les défenseurs du latin; ce qu'ils veulent, c'est. que les études latines continuent à être imposées par une règle commune à toute la classe bourgeoise. Ils ne peuvent avoir d'autre raison pour cela, quoique peut-être ils s'en défendent eux-mêmes, que de maintenir entre les classes sociales cette distinction si nette, si aisément saisissable : d'un côté, ceux qui ne savent pas le latin, de l'autre - je ne dirai pas ceux qui le savent; -mais ceux qui l'ont appris.

Qu'arriverait-il, en effet, si l'on pouvait faire des études secondaires sans latin ? Un élève intelligent et travailleur, en complétant ses études primaires élémentaires par l'école primaire supérieure ou même par un bon enseignement technique, pourrait être plus instruit et même plus cultivé que la moyenne des élèves de l'enseignement secondaire. II n'y aurait plus cette inégalité de culture qui distingue les classes sociales ; tout serait confondu. Le bourgeois a besoin d'une instruction qui demeure inaccessible au

Edmond Goblot

peuple, qui lui soit fermée, qui soit la *barrière*. Et cette instruction, il ne suffit pas qu'il l'ait reçue; car on pourrait ne pas s'en apercevoir. Il faut encore qu'un diplôme d'état, un parchemin signé du ministre, constatant officiellement qu'il a appris le latin, lui confère le droit de ne pas le savoir.

Cependant le bourgeois raisonne souvent autrement. Il faudra; dit il que mon fils gagne sa vie, qu'il la gagne largement, afin de subvenir aux frais d'une vie bourgeoise. Ses études doivent le mettre en état d'exercer une profession libérale. Il y a bien dans les programmes des connaissances utiles, dont il se servira toute sa vie : éléments des sciences, langues vivantes; géographie, etc., études qu'il continuera, en les spécialisant, quand il en aura fini avec le lycée. Mais pourquoi charger sa mémoire de tant de choses qu'il se hâtera d'oublier? Une fois le baccalauréat franchi, qui donc ouvrira un livre latin ? Qui se souviendra d'Horace et de Virgile ? Qu'avons-nous à faire de l'emphase grandiloquente de Cicéron, de l'emphase sentencieuse de Sénèque? Les plaidoiries d'un avocat d'il y a deux mille ans ! Les paradoxes d'un prédicant stoïcien ! Est-ce là ce qui peut nous préparer à la vie moderne ? L'histoire est intéressante et il est nécessaire d'en avoir des notions, mais à quoi bon se mettre dans la tête des milliers de dates qu'on ne saura plus huit jours après l'examen, des évènements qui bientôt s'embrouilleront dans les souvenirs, puis s'effaceront ? On oublie tout cela parce que, les études terminées, on n'y pense plus ; on n'y pense plus parce qu'on n'a plus besoin d'y penser. Ainsi raisonnent les familles, ainsi raisonnent les élèves eux-mêmes quand ils songent au côté pratique de la vie, à la profession, source de revenu, pourvoyeuse de la vie aisée, confortable, cossue, que rêve le bourgeois.

Mais les choses prennent un autre aspect pour ce même bourgeois quand, au lieu de penser à ses intérêts individuels, il pense à ses intérêts de classe .Il lui faut alors une culture qui différencie une élite, une culture qui ne soit pas purement utilitaire, une culture de luxe. Autrement il se confondrait vite avec cette partie des classes populaires qui arrive à s'instruire à force de travail et d'intelligence et assiège les professions libérales. Car les études mal faites d'un fils de bourgeois, malgré les ressources éducatives du lycée, ne valent pas les études bien faites d'un fils d'employé, avec les seules

VI. L'éducation intellectuelle de la bourgeoisie

ressources de l'école primaire supérieure. Ainsi; alors même qu'elles n'ont pas d'applications professionnelles, elles sont utiles tout de même, pour maintenir la barrière.

Ces opinions sont contradictoires. Enseignez-nous des choses qui nous soient utiles ! disent-ils, quand ils songent à la profession future. Donnez nous un enseignement de luxe ; ne laissez pas entamer l'éducation qui nous distingue ! disent ils, quand ils songent à la défense de leur classe.

Il n'est pas tout à fait vrai que la bourgeoisie n'existe que dans les mœurs et non dans les lois. Le lycée en fait une institution légale. Elle a même ses titres officiels, revêtus de signatures ministérielles, munis de timbres,, de cachets, de tous les sacrements administratifs ; et c'est aujourd'hui, je crois, la seule pièce administrative qui soit encore faite de cette matière précieuse et durable dont on faisait au temps jadis les titres authentiques : le parchemin. Le baccalauréat, voilà la barrière sérieuse, la barrière officielle et garantie par l'état, qui défend contre l'invasion. On devient bourgeois, c'est vrai; mais pour cela, il faut d'abord devenir bachelier.

Quand une famille s'élève de la classe populaire à la bourgeoisie, elle n'y arrive pas en une seule génération. Elle y arrive quand elle a réussi à faire donner à ses enfants l'instruction secondaire et à leur faire passer le baccalauréat.

La barrière est aussi un niveau. En principe, le baccalauréat était la sanction des études bien faites : le candidat avait à montrer que l'enseignement reçu avait porté ses fruits Aujourd'hui, il n'est guère que la constatation des études faites. À peu près tous les élèves qui ont parcouru le cycle de l'enseignement secondaire finissent par être reçus bacheliers ; le déchet est insignifiant: Or la différence est énorme entre le bon élève qui, à 1a fin de ses études, réussi au baccalauréat du premier coup et brillamment, et le mauvais élève qui finit, par le décrocher, après trois ou quatre tentatives pour chacune des deux séries. Un beau jour, avec un peu de chance et beaucoup d'indulgence de la faculté, il approche de la moyenne; on le fait admissible avec des points de supplément ; après l'oral, on le reçoit avec de nouveaux points de supplément : Eh bien ! ce malheureux à qui l'on a pitoyablement tendu la perche, qu'on a finalement « repêché », parce qu'à force d'être répété l'acte de simple

Edmond Goblot

justice prend l'apparence d'un acte de cruauté, le baccalauréat l'introduit dans l'élite de la société française et le met sur le même rang que le meilleur élève de la classe.

Le diplôme ne portera pas trace, ni des notes, ni des tentatives multiples : la mention elle-même n'y est pas inscrite, Le diplôme efface à tout jamais les inégalités qu'on a soigneusement constatées pendant tout le cours des classes par des compositions et des prix. Il assimile aux meilleures études les études faites sans goût, sans travail, sans intelligence et sans profit ; des différences de mérite personnel que ces études ont manifestées, rien ne doit subsister quand on sort du lycée pour entrer dans la vie, où seule compte la distinction des classes. Le baccalauréat est à la fois *barrière* et *niveau*.

Nous vérifions une fois du plus que les inégalités individuelles, - naturelles ou acquises, – tendent à former dans une société des échelles aux échelons multiples et rapprochés, ou des gradations continues, non des classes. Pour qu'une société se scinde en classes, il faut que quelque chose d'artificiel et de factice remplace les rampes continues par des marches d'escalier, ne laisse subsister ou apparaître que des échelons très peu nombreux et très espacés, c'est à dire crée un ou des obstacles difficiles à franchir et mette sur le même plan ceux qui les ont franchis. Telle est la fonction, - l'unique fonction, - du baccalauréat.

VII. L'éducation esthétique

L'éducation esthétique de la bourgeoisie a subi vers la fin du siècle dernier une évolution qui va d'un extrême à l'autre, Il nous faut donc considérer séparément la bourgeoisie ancienne, celle des deux dernières monarchies, et la bourgeoisie contemporaine.

I. - Pour les littérateurs et les artistes de l'époque romantique, le « bourgeois », c'est le béotien, le philistin, l'ennemi. De son côté, le bourgeois, même quand il prétend aimer et respecter les lettres et les arts, regarde souvent de travers, avec une sorte de méfiance, d'inquiétude et de malaise, le littérateur et l'artiste. Les allures outrancières des romantiques ne sont pas de son goût; la pétulance et la truculence ne vont pas avec la « distinction » ; rien n'est plus opposé à la vie bourgeoise que la vie de bohème: Il y a toujours incompatibilité entre l'esprit traditionaliste et timoré de ceux qui tiennent par dessus tout à la « considération » et les audaces provocantes, le panache et parfois le débraillé de ceux qui aspirent à la gloire. Les uns et les autres veulent produire leur effet sur le public et dépendent du jugement d'autrui, mais les premiers pensent au jugement de leurs contemporains et voisins, lequel impose les convenances, la mode et l'esprit de classe ; les seconds au jugement de la postérité, qui exige et ne retiendra que l'invention, la nouveauté, la personnalité.

Mais ne nous y trompons pas ! Les caricatures du bourgeois, si fréquentes chez les romantiques, n'étaient pas dirigées contre une classe sociale à laquelle d'ailleurs ils appartenaient presque tous. Mettons d'abord hors de cause celle d'Henri Monnier : M. Joseph Prudhomme n'est pas un bourgeois. « Professeur d'écriture », - tel est son titre, ce qui veut dire qu'il exerce la profession, aujourd'hui disparue, d'écrivain public, - cet homme de lettres, et même de belles lettres, car il se vante d'être calligraphe, paraît toujours entouré de petites gens ; il voyage dans la rotonde de la diligence ; en phrases solennellement grammaticales, il renseigne, explique, commente, du haut de son col droit à pointes raides et de sa cravate qui en fait trois fois le tour. M. Prudhomme fait le bourgeois parmi ceux qui ne le sont pas. Il est bourgeois tout juste comme M. Jourdain est gentilhomme. Henri Monnier lui-même est un bourgeois; il écrit et dessine pour un public de bourgeois, que M. Prudhomme amuse comme M. Jourdain amusa les marquis de la Cour de Louis XIV. H. Monnier n'a pas plus fait la satire de la bourgeoisie que Molière n'a fait celle de la noblesse:

Flaubert aussi est bourgeois, lui et toute sa famille et tous ses correspondants: Pour qui écrit il Bouvard et Pécuchet, sinon pour un public de bourgeois? Ce roman, le plus laborieusement documenté, le plus écrit de tous, ne fut jamais et ne peut pas être populaire. Bourgeois également Théophile Gautier, et tous les autres, et bourgeois leur public.

Dans la langue des romantiques; le mot « bourgeois » ne désigne pas du tout une classe de la société. Il garde le sens qu'il avait dans la langue des classiques depuis la Renaissance au moins : le

Edmond Goblot

marchand habile à gagner, qui jouit de sa richesse en vivant dans l'abondance des biens matériels, qui aime son bien-être et se soucie peu d'idéal [1]. « Flaubert avait la haine du « bourgeois », écrit sa nièce, Caroline Commanville (pref. à la Correspondance; p. XI) et employait constamment le terme ; mais dans sa bouche il était synonyme d'être médiocre, envieux; ne vivant que d'apparence de vertu et insultant toute grandeur et toute beauté. » Il peut donc y avoir, il y a certainement beaucoup de bourgeois qui ne sont pas « bourgeois », à commencer par Flaubert lui-même.

Il est pourtant vrai que, dans l'ensemble, la bourgeoisie des deux dernières monarchies n'aime pas les arts. Elle leur fait une place : les dames et les demoiselles jouent du piano et chantent les romances de Loïsa Puget ; la musique est une distraction de salon comme les jeux innocents, la polka, la partie de cartes ou

---

1 Originairement le *bourgeois* est l'habitant d'un *bourg*, lieu fortifié, le *villain* est l'habitant d'une *villa* ou d'un *village*, agglomération ouverte. La commune urbaine a une aristocratie, les bourgeois, qui sont industriels et marchands, et une plèbe, les manants, qui sont artisans. A la fin du Moyen Age, des cours se forment autour des rois et des ducs, des gouverneurs de provinces et des parlements. A Paris, on distingue la Cour (la noblesse) et la Ville (les bourgeois). La noblesse se pique d'honneur, de désintéressement et de goût; la bourgeoisie ne vise qu'à s'enrichir ; la noblesse est fastueuse et prodigue, la bourgeoisie travaille et épargne. « Comme le bourgeois veille pour acquerre richesses à lui et à ses enfants, le chevalier. et le noble veille pour acquerré prix et los ou monde » Ainsi dit déjà le *Ménagier* (t I, 3). Donc de très bonne heure on a appelé bourgeois l'homme entendu en affaires, mais indifférent et inhabile aux choses de l'esprit. C'est ainsi que Molière emploie ce mot :
Est-il de petits corps un plus lourd assemblage;
Un esprit composé d'atomes plus bourgeois?
F. sav. 11, 7
Ce que vous dites là est du dernier bourgeois.
Préc. 5.
et la Fontaine
Tout bourgeois veut bâtir comme les grands seigneurs.
Se croire un personnage est fort commun en France;
On fait l'homme d'importance,
Et l'on n'est souvent qu'un bourgeois.
et la Bruyère
« Si le financier manque son coup, les courtisans disent de lui : « C'est un bourgeois, un homme de rien, un maladroit »; S'il réussit, ils lui demandent sa fille. »
ce qui semble préparer le fameux mot de Chamfort
« Les bourgeois font de leurs filles un fumier pour les terre des gens de qualité.»

VII. L'éducation esthétique

de loto. Dans ce même salon, il peut y avoir un tableau, - l'usage est de dire : « un cadre » - pour meubler un panneau trop nu ; de préférence, il y a deux cadres pareils, symétriquement placés et se faisant pendant, soit par l'analogie des sujets, soit par leur contraste. L'art de peindre est accessoire : il complète celui du tapissier, qui est le vrai décorateur. Les arts ne sont plus les « beaux-arts », ils sont « les arts d'agrément. »

On aime la poésie : on chante des chansons au dessert [1]. Bérenger est le poète favori de la bourgeoisie. On ne se lasse pas d'en admirer les pensées, les sentiments et la versification ; qui est habile et purement classique. Bérenger est le poète du libéralisme, ce qui reste de l'esprit révolutionnaire. Il y a, dans une maison bourgeoise, peu de livres. S'il s'y trouve une bibliothèque; elle est petite et reléguée dans le cabinet de Monsieur ; dans sa vitrine on peut lire en lettres dorées sur les dos de maroquin soit les titres de *Dalloz* et de la *Gazette des Tribunaux*, soit ceux de Broussais, Bichat, Barthez et de la *Gazette des Hôpitaux*, selon que Monsieur est magistrat ou médecin. Pourquoi aurait il des livres s'il n'est ni l'un ni l'autre ? Les livres ne se montrent ni dans le salon, ni dans la salle à manger, ni dans aucune chambre.

Ainsi la classe qui a la prétention d'être une élite, de se distinguer, non pas par sa richesse, mais par son éducation, qui a fait des études latines, qui montre par sa politesse des sentiments plus nuancés et plus généreux, et dont la délicatesse ne s'accommode que d'une société choisie ; cette classe ne songe pas - du moins sous les deux derniers règnes - à placer sa supériorité dans le goût artistique. Pourquoi cela ? Sur ce point, il nous faut revenir à ce *dimorphisme sexuel* que nous avons déjà rencontré et considérer

1 Mes grands-parents regrettaient qu'on eût perdu l'habitude de rester assis à table une demi-heure ou une heure après le souper du soir. La table était *desservie*, d'où le nom de *dessert* ; la servante apportait quelques fruits et ne se montrait plus. C'était l'heure la plus charmante de la vie de famille, celle où tout le monde était réuni. On amenait au dessert les enfants trop jeunes encore pour avoir leur place à table. On causait, on chantait. Ceux qui 'savaient être agréables en société réservaient pour ce moment là leurs bons mots, leurs anecdotes, leurs chansons. C'est après 1830 que, dans la haute bourgeoisie d'abord, puis dans la moyenne, la vie mondaine tend à supplanter la vie de famille. On se lève de table, les hommes passent au fumoir, les dames au salon; les enfants disparaissent. La chanson, trop populaire, pas assez distinguée, est remplacée par la *romance*, qui s'accompagne au piano. Bérenger a prolongé de quelques années la vie de la chanson.

Edmond Goblot

séparément l'homme et la femme.

Le bourgeois est un homme *sérieux*. M. Prudhomme ne manque pas d'en imiter la solennelle gravité. Le bourgeois porte un costume austère ; il s'interdit toute parure, toute élégance due à des ornements adventices, comme s'il portait au-dedans de lui-même tout ce qui fait sa valeur. Tandis que le salon de Madame est décoré, fleuri et parfumé, et que la fantaisie, la frivolité, le bibelot, le colifichet n'y sont pas déplacés, en revanche, le cabinet de Monsieur sera simple. Il pourra être luxueux, mais d'un luxe triste et froid. Le bourgeois ne demande pas à être admiré, loué, mais il tient à être « considéré ».Il a conscience d'être désormais la seule société qui compte, la seule « classe dirigeante »; d'avoir pris la place de l'ancienne noblesse et de n'en avoir pas les vices et la frivolité [1]. Il est le tiers-état, qui n'était rien et qui est tout; il en est du moins la partie éclairée, la partie sage. Il représente l'ordre. Il le garantit à la fois contre les excès des hordes révolutionnaires et contre les abus de l'aristocratie privilégiée. La bourgeoisie de Louis-Philippe a une haute idée de son rôle social; elle l'exprime en se donnant un air *digne* [2].

En outre, dans la famille bourgeoise, l'homme a des charges et des responsabilités. S'il est riche et vit de ses revenus, il a une fortune à gérer ; c'est un homme d'affaires. Mieux encore s'il est chef d'une entreprise industrielle et commerciale. L'ancienne bourgeoisie professe que gérer sagement sa fortune et l'accroître est une des meilleures manières de servir l'État. S'il a une profession, c'est une profession dite libérale, qui exige du travail, de la prévoyance, de la conduite, de l'autorité, en un mot du « sérieux », car de graves intérêts en dépendent. C'est pour cela qu'il méprise les vains amusements, qu'il ne tolère - ou qu'on ne lui tolère - qu'à titre de délassement les arts dits *d'agrément*, bons pour les rêveurs, les

1 Il suffit de rapprocher deux portraits, par exemple celui du Président Gaspard de Guaidan, par H. Rigaud (musée d'Aix en Provence) et celui de M. Bertin par Ingres, pour comprendre la différence entre les manières de concevoir les classes dirigeantes sous l'ancien régime et sous le nouveau.

2 C'est à. partir du règne de Louis-Philippe qu'on emploie sans complément les adjectifs *digne* et *capable*, et sans détermination les substantifs correspondants *dignité, capacité* : « C'est un homme digne ! - Digne de quoi ? - De considération ». – « C'est un homme capable ! » - Capable de quoi ? - De tout ce que requiert une profession libérale, c'est à dire bourgeoise.

VII. L'éducation esthétique

imaginatifs, les sentimentaux. Au delà de cette mesure, ils lui sont défendus pour la même raison et au même titre que les rubans, les dentelles et les bijoux.

Pourtant la bourgeoisie ne s'interdit pas le luxe et les plaisirs. La vie mondaine lui est réservée : visites, bals, soirées, dîners ; et hors de la vie mondaine, où y aurait-il élégance, éclat, goût, beauté ? La bourgeoise ne serait pas bourgeoise si tout son temps était absorbé par les soins du ménage; le bourgeois ne serait pas bourgeois si ses occupations professionnelles ou le soin de ses intérêts matériels ne lui laissaient ni répit ni liberté. L'un des traits qui distinguent la bourgeoisie est d'avoir des loisirs. Certes ; il a toujours été très honorable d'occuper ses loisirs au dessin, à la musique, à la lecture, mais ses loisirs seulement. C'est d'un ordre un peu plus élevé que le billard ou les cartes. Y passer ses journées ne serait guère moins frivole. Confier ma santé à ce médecin ? Il joue du violon ! Mettre mon procès dans les mains de cet avocat ? Il sait Musset par cœur et fait des vers ! Placer de l'argent dans l'entreprise de cet industriel ? Il est pastelliste et expose au salon ! Faire une promenade dans un musée un jour de pluie, entendre à l'occasion un concert, à la bonne heure! C'est la marque d'un esprit délicat. Mais peindre soi-même, exécuter ou composer de la musique, faire des vers, quand on n'est pas un professionnel ou un homme de génie, n'est pas d'un homme sérieux.

Quant à la bourgeoise, elle doit être surtout gracieuse et séduisante. Cependant, mère de famille, éducatrice, directrice d'une maison qui est une véritable administration et qui doit être un modèle d'ordre et de sagesse pratique, la bourgeoise est sérieuse aussi ; même la « considération » ne lui suffit pas : elle doit être respectable. Mais de même que l'homme reste sérieux même à ses heures de loisir, quand il s'amuse et quand il rit, de même la femme reste charmante même à ses heures de travail, quand elle contrôle les notes de classe de ses enfants ou les comptes de sa cuisinière. Dans la famille bourgeoise, l'homme n'oublie jamais qu'il représente la raison et l'autorité, parfois le savoir, la femme ne perd pas de vue qu'elle est l'imagination, la sensibilité, la poésie et l'art.

Tout cela est vrai, mais incomplet. Comment se fait-il que l'ancienne bourgeoisie, qui a connu le luxe de la toilette, de la table,

de la maison, du mobilier; du jardin et du parc, des domestiques
et des équipages, ait si peu apprécié le luxe de l'art ? C'est l'homme
et non la femme qui a reçu une culture intellectuelle de luxe,
fondée sur les études latines, auxquelles il semble tenir d'autant
plus qu'il n'en fera aucun usage. la bourgeoise ne se pique pas de
littérature. Une femme *bas-bleu*, fi donc ! La doctrine du bon-
homme Chrysale; qui n'était pas du tout celle du XVI° siècle, où
les femmes étaient si savantes, ni celle du XVIII°, où elles étaient
si cultivées, fut peut-être encore moins celle du XVII° siècle et de
Molière, car Chrysale est une caricature. Molière n'a pas voulu
opposer la sagesse de Chrysale à la folie de Philaminthe, mais
une sottise à une autre sottise. La sagesse est représentée dans sa
pièce par la modeste et sympathique Henriette. Mais la doctrine
de Chrysale est devenu la doctrine du XIX° siècle. Une honnête
femme peut lire quelques livres; pas trop, et des livres inoffensifs,
des livres de tout repos, approuvés par son mari et surtout par son
directeur. L'idée que la bourgeoisie s'est faite de la moralité a rendu
impossible l'éducation littéraire et artistique de la femme. Si notre
littérature, notre roman par exemple, a versé dans le scandale, c'est
,en grande partie parce que les femmes ne lisant pas, les auteurs
n'écrivirent pas pour elles. Telle est d'ailleurs leur défense : Nous
n'écrivons pas, disent-ils, pour les pensionnats de demoiselle ! Ils
n'écrivent pas davantage pour les femmes qui sont, même depuis
longtemps, sorties du pensionnat. Parcourez les anciens journaux
de modes et les magazines. Essayez, si vous en avez le courage,
d'en lire quelques feuilletons ! Les romans qu'ils publient, ceux
qu'ils signalent et recommandent à leurs lectrices, les livres qu'une
femme « comme il faut » pouvait avouer avoir lus, n'avaient rien de
commun avec la littérature.

Les arts plastiques étaient censurés avec la même sévérité. Les
jeunes filles « apprennent » le pastel et le fusain, l'aquarelle et la
sépia, la miniature, l'éventail et la peinture sur porcelaine ; mais
le dessin, non. Ne sachant pas dessiner, elles devaient s'en tenir
au fleurs et aux paysages. Comment pénétrer dans l'atelier d'un
peintre ou d'un sculpteur ? Le modèle vivant ? Quelle horreur !
L'antique ? Il a beau être en plâtre, c'est à peine plus convenable.
Une honnête femme peut-elle seulement mettre les pieds dans un
musée ? À plusieurs reprises, on eut recours aux feuilles de vigne

VII. L'éducation esthétique

pour les leur rendre accessibles, sans grand succès. Sosthène de Larochefoucauld, duc de Doudeauville, qui fut directeur des Beaux-arts en 1824, s'est fait à ce propos une joyeuse réputation. La femme bourgeoise se souvint toute sa vie d'avoir été élevée dans un couvent. L'absorption de toute la morale dans une seule vertu, et de cette vertu dans la peur de tout ce qui pourrait offenser les yeux ou les oreilles a paralysé longtemps pour elle toute sérieuse éducation littéraire et artistique.

Reste la musique. Est-elle plus inoffensive ? On est sans méfiance à l'égard de l'opéra, qui ne chante guère que les passions de l'amour et de préférence ce qu'il y a en elles de sensuel et de forcené. Mais, dans la société mondaine, la sensibilité musicale est rarement assez vive pour qu'il y ait là le moindre danger. On a toujours fait une assez large place à la musique dans les salons bourgeois. L'étonnante faiblesse de l'art musical français au milieu du XIXe siècle s'explique en partie par le fait qu'il est devenu un art de salon. Aujourd'hui encore, la musique qu'on fait dans les salons est misérable, même quand les pianistes ont des doigts, même quand les chanteurs et chanteuses ont de la voix et de l'école. Il semble que la musique devienne mauvaise par cela seul qu'elle s'exécute dans un salon. Elle peut encore rester musicales, elle cesse d'être artistique en un lieu si profane.

C'est probablement que toutes les personnes qui y sont réunies, exécutants et auditeurs, sont *en représentation*. Car ce n'est point au théâtre que se trouvent les vrais cabotins. « Ne joue jamais de musique à la mode ! » (Spiele nie modische Musik !) a écrit avec une singulière profondeur R. Schumann, dans ces austères conseils qui préfacent *l'Album de la Jeunesse*. Mais le moyen de jouer dans un salon autre chose que de la musique à la mode ? Peu importe d'ailleurs qu'on joue Beethoven, Schumann ou un quelconque Tagliafico. C'est bien de Beethoven ou de Schumann, en vérité, qu'il est question ! L'interprète seul compte. Lui seul, soyez en sûr, sera présent: Ou si, d'aventure, il s'oublie jusqu'à évoquer réellement le maître, qui donc s'en apercevra ? C'est, il est vrai, le grand défaut, l'irrémédiable faiblesse de l'art musical et de l'art dramatique, surtout de l'art qui est à la fois dramatique et musical, que l'auteur ne s'y révèle au témoin que par l'intermédiaire d'un interprète. Le suprême talent de l'exécutant est d'interpréter sans

Edmond Goblot

trahir, de rendre fidèlement la vraie pensée d'un maître sans y substituer la sienne, de la rendre tout entière, dans son originalité, dans sa puissance, dans toutes ses nuances, en s'effaçant pour le laisser paraître. Mais est-ce possible dans un salon ? Comment se faire un succès mondain avec tant de modestie ?

L'artiste prié de jouer ou de chanter dans une réunion mondaine éprouve qu'il est à peu près impossible d'y introduire une œuvre qui ne soit pas superficielle ; si elle est profonde, c'est le nom de l'auteur seul qui la fera passer. Il feuillette ses partitions; se voit obligé d'écarter comme hors de propos ou même déplacé tout ce qui a quelque portée, et de se rabattre sur quelque pièce brillante et vide ou vulgairement sentimentale. A tous ces gens, venus pour étaler les charmes de leur beauté, de leur toilette ou de leur esprit, il faut servir une musique qui soit au niveau d'une conversation de salon, au niveau intellectuel, moral, esthétique au-dessous duquel il ne serait pas « distingué » de descendre, mais qu'il serait très insolent de vouloir dépasser dans une assemblée mondaine. La musique qui peut exprimer ce qu'il y a de plus profond et de plus secret dans la sensibilité humaine, exige la réflexion et le recueillement, c'est-à-dire la solitude ou l'intimité : un seul intrus suffit pour empêcher de l'écouter au fond de soi-même et pour en faire évanouir la magique et fragile beauté.

Tout n'est pourtant méprisable chez les musiciens qui furent les idoles de la bourgeoisie du dernier siècle, Meyerbeer, Halévy, Gounod. Elle n'a pas su comprendre Bizet, mais elle a aimé, fêté, exalté le polonais Chopin. Il faut dire cependant que, dès que ce maître eut cessé de se faire entendre lui-même, nul musicien ne fut jamais si maltraité par les amateurs. Le pianiste y trouve à montrer sa vélocité et sa vigueur, sa délicatesse et sa fougue ; il y met facilement de la nervosité au lieu d'expression, de la déclamation au lieu de pathétique. Nul auteur ne se prête mieux à faire valoir la virtuosité de l'exécutant qui se substitue effrontément au maître et l'exhibe comme le geai les plumes du paon.

Et que dire de la danse? Un bal bourgeois n'est plus qu'encombrement, cohue, heurts et bousculades, horions donnés et reçus dans un tourbillonnement désordonné. Plus de danses de caractère, toujours la mêlée générale. C'est impossible à regarder, faute d'espace, et ce serait fort laid à voir. La danse bourgeoise a

VII. L'éducation esthétique

complètement cessé d'être un art. On ne danse pas pour la beauté des mouvements, des aptitudes et des évolutions ; on danse pour le plaisir de se trémousser. L'agitation que l'on se donne est pour la jeunesse comme une revanche de la conversation cérémonieuse et vide et des solennelles et subtiles convenances. La laideur des danses bourgeoises alla sans cesse en empirant jusqu'à sombrer dans l'ignoble. L'insipide quadrille persista longtemps, parce que ses mouvements modérés conviennent aux personnes mûres ; mais il ne tarda pas à se compliquer en devenant anglais, avec les *Lanciers*, où il faut s'appliquer et ne pas rire ; plus tard, il devient *américain*. Alors, la musique aurait pu être supprimée. On la conservait par habitude ou pour ajouter au bruit, mais on n'en tenait aucun compte. Les évolutions des danseurs se réglaient sur un coup de pied brutal qui tombait au petit bonheur parmi les périodes et les rythmes de l'orchestre. Il est vraiment inconcevable qu'une telle sauvagerie ait été même temporairement à la mode dans les salons où l'on requiert par-dessus toute chose de la tenue et de la distinction. On eût beaucoup étonné une danseuse de ce temps-là en lui disant que la danse est un art plastique, fait pour charmer les yeux par la grâce des mouvements et par leur expression. - « Un art ? eût elle répondu. Au théâtre, oui, dans un salon, non. C'est plutôt un sport ou un jeu, qui n'a pas besoin d'être beau à voir. Les mamans qui font tapisserie ne sont pas là pour constituer un public, mais pour exercer une surveillance. »

En résumé, la bourgeoisie d'autrefois ne se piquait pas d'esthétique. Elle n'avait pas du tout l'idée que dans la supériorité de classe fût comprise la supériorité du goût artistique. Pour s'intéresser à la musique, à la peinture, aux monuments, antiques ou modernes, à la littérature même, il faut, pensait elle, être « connaisseur ». Tout le monde n'est pas connaisseur. Le goût des arts et l'application nécessaire pour les comprendre est affaire de tempérament individuel. C'est peut-être un mérite, une supériorité, un don, peut-être une originalité, une innocente manie (par exemple chez le collectionneur) ; ce n'est obligatoire pour personne et ne constitue en aucune façon un caractère de classe.

II. Par une évolution qui semble s'être accomplie vers l'avant-dernière décade du siècle dernier, ces mœurs ont changé; l'art est venu à la mode, ainsi que la littérature et même la philosophie

Edmond Goblot

et la science. D'abord, c'est le « Monde où l'on s'ennuie », qui suit les cours de la Sorbonne, et du Collège de France ; ce sera bientôt le monde tout court. Dans les salons, on parle du temps mathématique et du temps psychologique, de l'intuition, de la Psychanalyse, de la Relativité des phénomènes. Les murs des salons se couvrent de peintres ; le livre nouveau, à moitié coupé, est abandonné sur un guéridon ; les partitions les plus récentes et les plus « avancées »sont ouvertes sur le piano. Tout le monde est connaisseur, et le goût bourgeois, hier encore si réactionnaire, ne trouve aujourd'hui rien d'assez révolutionnaire pour le contenter.

En pénétrant dans la vie bourgeoise, le goût artistique et littéraire, - comme les doctrines esthétiques, comme les théories philosophiques et même scientifiques, - tombe sous l'empire de la mode, de la mode *despotique*, qui ne souffre pas les jugements personnels, de la mode *capricieuse*, qui condamne aujourd'hui ce qu'elle imposait hier, justement parce qu'elle a réussi à l'imposer ; de la mode bourgeoise enfin, qui exige qu'on soit distingué. La mode confond l'originalité, si essentielle à l'art, avec la distinction, qui lui est tout à fait étrangère : l'originalité est personnelle, la distinction est collective. Le résultat de cette confusion est qu'on demande à l'art de ne pas être accessible à tous, d'exiger non seulement un certain degré, mais aussi une certaine qualité de culture, d'être fermé au vulgaire, ouvert aux seuls initiés. La bourgeoisie est venue à l'art pour s'en faire une barrière.

Mais s'il est barrière, il faudra aussi qu'il soit niveau, c'est à dire que tous ceux qui sont du bon côté de la barrière soient initiés ou passent pour tels. A ce compte, l'esthétique bourgeoise ne peut s'accommoder d'une autre originalité que celle dont tout le monde s'avise en même temps, à l'intérieur de la classe, de l'originalité qui est collective et qui est la distinction, qui deviendra vulgarité quand elle en franchira la limite. Loin d'être l'invention et la création personnelles, elle est l'absorption de la personnalité dans la mode.

Aussi voit on les écoles et leurs théories se succéder avec une étonnante rapidité. Chaque saison donne le jour à une esthétique nouvelle, qu'il faut remplacer par une autre dès qu'elle se vulgarise, de même qu'il faut changer les .robes et les chapeaux dès qu'ils commencent à être mal portés. Ces écoles produisent des théories plutôt que des œuvres; elles ne durent pas assez longtemps pour

VII. L'éducation esthétique

donner autre chose que des manifestes et quelques essais. Mais quels que soient les manifestes et quelles que soient les œuvres, le bourgeois les avale tous successivement avec le même engouement ; il ne leur demande que d'être nouveaux ou suffisamment rajeunis et démarqués. Chaque semaine quelqu'un invente la poésie, la seule, la vraie poésie, avant laquelle il n'y en a jamais eu, et la vraie prose aussi, et le vrai roman et le vrai théâtre. Chaque semaine, quelqu'un découvre la peinture, et la sculpture, et la musique. Ces géniales inspirations, portant surtout sur les techniques, ne sont pas plus tôt portées au jour qu'elles sont imitées ; il faudra donc d'urgence, la semaine prochaine, inventer une fois encore la poésie, la peinture, et la musique, et le reste.

L'originalité est une condition essentielle de l'art ; non seulement parce que l'admiration remonte toujours à la première inspiration connue comme à la source vive de la beauté, et ne s'arrête pas aux imitations et aux copies, mais encore parce que la beauté de l'œuvre d'art, sa puissance expressive consiste en ce qu'elle nous fait participer à des richesses spirituelles que l'artiste avait en lui et que nous n'avions pas en nous-même. Il est pourtant dangereux de la rechercher. Si l'artiste a vraiment une personnalité et si son habileté technique ne le trahit pas, il sera original sans artifice et sans effort, par don de nature. Si, au contraire, il n'y a dans son esprit et dans son cœur, dans son tempérament et dans son caractère, rien que d'ordinaire et de commun, il aura beau tourner autrement sa période musicale ou poétique, chercher des formules nouvelles, des combinaisons non employées, elles seront inexpressives, puis-qu'il n'a rien à exprimer. Il redira ce qui a été dit, dans un langage différent, généralement moins bon, car la recherche de l'originalité conduit à ramasser les formules que d'autres avaient dédaignées. On est original involontairement ou on ne l'est pas. L'intrusion de l'esprit de classe dans les jugements de goût y introduit la mode à la place du style, la distinction à la place de l'originalité. Or la distinction, qu'on confond souvent avec l'élégance, est un concept anti-esthétique.

La mode bourgeoise ne pèse pas très lourdement sur la littérature en prose, parce qu'elle a un public trop étendu et trop éclairé pour dépendre beaucoup des jugements de classe ; elle évolue sous d'autres influences. La peinture en partie résiste à cette domination,

Edmond Goblot

parce qu'on ne renouvelle pas tous les jours les tableaux de son salon ; elle la subit en partie, perce qu'on renouvelle chaque année les tableaux du Salon. De là ces révolutions tapageuses et précaires, cette recherche fébrile de l'innovation dans la technique. Comme résultat, - pour ne pas parler des non-valeurs, - du bibelot, toujours du bibelot, tantôt menu, rare, souvent exquis, tantôt agrandi jusqu'au colossal et au monstrueux, bibelot géant, mais bibelot toujours. Mais la mode exerce cruellement son empire sur la poésie et sur la musique et risquerait de leur être fatale, si les muses n'étaient immortelles. On a rejeté successivement; comme traditions usées et conventions périmées, rime, mètre, strophe, et tout ce qui distinguait le vers de la prose; on a éliminé pièce à pièce tout ce qui faisait la différence entre un son musical et un bruit : rythme, résolutions, tonalités. Qu'elle soit pimentée, truffée et faisandée, ou au contraire, sucrée, vanillée, doucereuse, confite à l'ananas et à la framboise, la musique à la mode a trop l'air d'une cuisine. C'est un souper de trois heures du matin, où il y a des hors-d'œuvre et du dessert, mais point de rôti. Elle excelle à confectionner de petits plats fins, dont il n'est certes pas défendu de savourer les arômes exotiques et surprenants ; mais après... comme on a faim de pain, de pot-au-feu et de pommes de terre bouillies ! Quand les gens du monde se sont mis à aimer les arts, les artistes ont produit pour les belles madames!

Or il est manifeste que, partout et toujours, les grandes productions de l'art se sont adressées au public universel et souvent au public populaire d'abord. Tel fut le cas de l'art grec à l'époque de la liberté. C'est l'art alexandrin, puis gréco-romain qui est destiné à des cercles limités. Tout l'art du Moyen âge est populaire, et celui de la Renaissance, et celui de Corneille et de Molière, de Shakespeare et de Goethe, de Bach et de Beethoven. Il y a bien des œuvres savantes, profondes ou raffinées qui ne sont pas faites pour la foule; elles sont encore moins faites pour une classe ou une caste; elles s'adressent à des personnalités, à une *élite* que ne sépare aucune barrière et qui ne connaît aucun niveau ; elles ne sont pas distinguées, mais tout bonnement supérieures. II y a des connaisseurs, il ne peut pas y avoir une classe de connaisseurs. Si le goût s'enseignait comme le latin, on pourrait en réserver l'étude à l'enseignement secondaire, comme cela a lieu pour le latin, l'y rendre obligatoire pour tous, comme M. Léon Bérard l'avait fait pour le latin, instituer une sorte de *baccalauréat des Beaux-arts*, - après quoi tout bourgeois serait officiellement censé capable de juger de la beauté. Mais il est évident que beaucoup de bourgeois continueraient à être sourds à la voix des muses et à ignorer le chemin du sacré vallon. Ils ne seraient plus bourgeois si la beauté avait pour eux plus de prix que la distinction et la mode.

Conclusion

Une classe qui n'a pas de privilèges et n'existe que dans l'opinion et les mœurs, peut réussir à se considérer elle-même et à se faire considérer comme supérieure tant que personne ne se demande en quoi consiste sa supériorité. Cette absence de critique lui permet de naître et de durer. Un bourgeois est, et surtout fut, un plus grand personnage, ayant plus d'importance, tenant plus de place qu'un artisan quelconque. On le traite plus cérémonieusement, on observe en lui parlant plus de formes ; lui-même s'adresse à d'autres bourgeois comme à des égaux, tandis que son attitude envers l'artisan est indifférente, autoritaire ou familière, et dans ce dernier cas, d'une familiarité dédaigneuse ou condescendante : autant de manières de marquer une supériorité. Mais quelle supériorité ? On ne veut pas qu'elle se réduise au prestige ou à la puissance de la richesse, car ce serait révoltant. On sait vaguement qu'à la richesse s'ajoute une supériorité d'éducation : la richesse assure des loisirs que le bourgeois a utilisés pour faire des études et accroître sa valeur personnelle ; ses enfants prolongent leur vie scolaire au moins six ans de plus que ceux des classes populaires. Et l'homme du peuple se dit, tantôt avec respect, tantôt avec un sentiment d'inquiétude et de défiance qui devient facilement de l'envie et de la haine : « Quels sont donc les idées et les sentiments de cet homme, qui sait tant de choses que j'ignore! » Pendant longtemps, ni la bourgeoisie ni le peuple n'en cherchèrent si long : la supériorité du bourgeois, c'est d'être bourgeois, comme au beau temps de la noblesse, la supériorité du comte et du marquis, c'était d'être comte ou marquis. C'était assez, en effet, quand il y avait des titres, des noms à particules, des généalogies. Puérils hochets de la vanité ? - Non pas, car il y avait aussi des privilèges ; il y

Edmond Goblot

avait du solide sous les apparences. C'est depuis que les privilèges ont disparu que ces apparences sont vaines. Mais le bourgeois n'a ni titres ni particules ; et il n'a pas non plus de privilèges. Ni les apparences, ni le solide! C'est alors qu'il affecte cette gravité, cette austérité du costume et des manières; qui sont les apparences de la sagesse. Les soieries, les dentelles et les diamants de sa femme attestent que cette sagesse est réelle, effective et lucrative.

La bourgeoisie s'est avisée tardivement que son rang lui faisait une obligation d'être l'élite intellectuelle et morale, non parce que « noblesse oblige », mais parce qu'elle n'est rien si elle n'est pas cela. Elle ne subsiste que par l'opinion reçue qu'elle est l'intelligence, le savoir, le talent, la sagesse, la vertu, le goût. Malheur à elle, si elle ne l'est pas ! Le perpétuel effort qu'elle fait pour maintenir une distinction qui toujours s'efface, une barrière toujours franchie ou tournée, tend à rétablir sous une forme toujours nouvelle cette croyance toujours ébranlée.

Cette croyance. en effet, n'a jamais pu être qu'une illusion. Il est impossible qu'une classe soit une élite et pareillement qu'une élite soit une classe. Une classe ne peut empêcher qu'il ne naisse en elle des sots, des paresseux et des vicieux ; et elle s'évertue si bien à les sauver du déclassement qu'elle y réussit souvent; elle empêche la sélection ; or élite et sélection, c'est presque le même mot. Et quand même elle saurait être une élite, si elle le voulait réellement, si elle y réussissait, elle cesserait par là même d'être une classe. Car une élite n'est pas un tout cohérent, organique, séparable du corps social dont elle est la plus belle floraison; c'est une somme et une juxtaposition de personnes individuellement méritantes, mais non solidairement: Une élite ne se défend par aucune barrière et ne souffre aucun niveau.

Les temps de la bourgeoisie sont très près d'être révolus. Cette dissolution n'est pas, tant s'en faut, une décadence. Comme elle est due à l'impossibilité de maintenir ou de renouveler toujours des illusions, des conventions, des préjugés, des mensonges, la bourgeoisie disparaît par la seule raison que le vrai est plus puissant que le faux, le naturel plus solide que le factice. « J'ai ramassé des forbans dans les rues, écrit Pierre Loti, je les ai mis contre mon cœur ; chez eux, j'ai trouvé plus de jeunesse et de vie; des sentiments

Conclusion

plus puissants et moins banals que chez mes égaux [1]. »

Cette dissolution paraît avoir commencé sous la 3e République, au moment où le triomphe du régime républicain parut assuré, c'est à dire après l'échec de la tentative de coup d'État du 16 mai. Les idées et les mœurs démocratiques y ont sûrement contribué, surtout le développement de l'esprit critique sous l'influence de l'Instruction publique et de la presse, l'une et l'autre plus répandues et plus libres.

La guerre aura précipité la ruine, non pas certes par la victoire du prolétariat sur le capitalisme, mais parce que dans une si grande crise sociale, l'inégale valeur des hommes s'est manifestée dans l'action, au lieu de rester voilée sous des dehors superficiels et des conventions de forme. Qu'est-ce que la distinction, qu'est-ce que la considération au milieu de la fournaise des avant-postes, et à l'arrière, dans l'improvisation fébrile des secours de toutes sortes ? A l'épreuve, à l'user; on connut d'autres vertus et d'autres défauts; on trouva souvent l'élite en dehors de la classe, on ne trouva pas toute la classe dans l'élite.

L'esprit critique avait beaucoup diminué cette importance et ce prestige que donnent la richesse et le luxe, ce grossissement et ce grandissement des personnes par les sacs d'écus qui les entourent et les soulèvent ; mais, depuis un pareil désastre, il n'est pas honorable d'être resté riche et il est honteux de l'être devenu. À cette question : Qu'avez-vous fait pendant la Terreur ? Sieyès, dit-on, répondit : « J'ai vécu ! » A cette question : Qu'avez-vous fait pendant la guerre? si quelqu'un répond : « J'ai sauvé ma caisse ! » nous n'aurons pour lui ni admiration ni reconnaissance ; mais s'il répond : « Je l'ai remplie! » nous chercherons à quelle commission d'enquête, à quel tribunal d'apuration de comptes signaler ce nouveau riche. La guerre a changé l'échelle des valeurs. Mais elle n'a fait que précipiter une évolution qui se poursuivait depuis plus de trente ans, et dont la cause est le développement de l'esprit critique.

C'est assurément un grand fait social que la naissance et la disparition d'une classe ; et pourtant des détails menus et superficiels peuvent y être significatifs ; puisque tout y est affaire de nuances délicates et d'apparences. Le chapeau haute forme est sorti

---

1 *Un jeune officier pauvre*, p.228

Edmond Goblot

de l'usage, le linge empesé a cessé d'être de rigueur ; le costume masculin tend à s'humaniser: Le Président Poincaré paraissait dans les cérémonies officielles en chapeau melon, jaquette bleu marine et pantalon gris, le tout « très correct », mais d'une correction entendue autrement qu'au temps du Président Carnot. La mode des femmes semble viser moins à la distinction, davantage à la véritable élégance. Beaucoup de bourgeoises s'habillent sans goût, beaucoup d'ouvrières savent très bien se faire jolies : elles suivent maintenant la mode comme les bourgeoises et, comme les costumes locaux des paysannes ne sont plus portés que par quelques vieilles, la mode féminine ne met plus guère de différence entre les classes. Il en est de même de la politesse et de toutes les formes extérieures de la vie sociale : tout ce qui en elles a une valeur esthétique ou une valeur morale tend à se répandre et cesse d'être réservé à la bourgeoisie, tandis que ce qui est conventionnel, factice et illusoire s'efface, tombe dans le discrédit ou simplement s'oublie.

Enfin, le dimorphisme sexuel tend à disparaître. Il subsiste encore, il est vrai, dans le costume : celui de l'homme continue à être aussi sombre, raide et laid que celui de la femme est brillant et séduisant. Mais la femme bourgeoise ne craint plus d'occuper des emplois rétribués. La profession d'institutrice était autrefois l'unique ressource des jeunes filles de famille bourgeoise réduites à la nécessité de recevoir un salaire, profession de parente pauvre, très honorable sans doute, pourtant humiliée, non seulement parce qu'elle était payée et dépendante, mais encore, et peut-être surtout, parce qu'elle supposait plus d'instruction qu'il ne convenait à une femme du monde d'en montrer. Maintenant les femmes étudient le droit, la médecine, la pharmacie, recherchent des emplois dans le commerce et l'industrie, acquièrent pour cela les connaissances scientifiques et techniques requises ; bref, font toutes les études qui étaient considérées comme proprement masculines. Au baccalauréat, il n'est pas rare que le nombre des candidates soit supérieur à celui des candidats et les Universités ont souvent plus d'étudiantes que d'étudiants. Ces femmes veulent faire les mêmes études que les hommes, obtenir les mêmes sanctions, partager avec eux les professions libérales et les autres, et elles sont arrivées ou arriveront tout prochainement à leurs fins, après avoir triomphé une par une de toutes les résistances que l'administration

Conclusion

de l'Instruction Publique n'a cessé de leur opposer. Les femmes veulent exercer une profession et travailler pour gagner leur vie, estimant que cela est plus sûr et surtout plus digne que de chercher un mari qui la leur gagne.

Ainsi nous voyons peu à peu disparaître toutes les inégalités factices, ainsi que les nivellements trompeurs, pour laisser paraître les inégalités naturelles, celles de l'intelligence, du savoir, du talent, du goût, des vertus et des vices. En un mot, le mérite personnel triomphe des classes. Or il ne saurait y avoir une classe des gens d'esprit, ni des gens de bien, ni des gens de goût. Une classe ne subsiste qu'en faisant croire qu'elle est une élite, et ne peut devenir élite qu'en cessant d'être classe. Aussi est-il admirable que cet état d'équilibre instable ait pu se maintenir pendant près d'un siècle.

ISBN : 978-1536968200

Edmond Goblot

www.ingramcontent.com/pod-product-compliance
Lightning Source LLC
Chambersburg PA
CBHW060338290526
45793CB00003B/658